方尖碑
OBELISK
探知新视界

维纳斯与阿佛洛狄忒

一个女神的历史

[英国] 贝塔妮·休斯◎著

万博◎译

译林出版社

图书在版编目（CIP）数据

维纳斯与阿佛洛狄忒：一个女神的历史 /（英）贝塔妮·休斯（Bettany Hughes）著；万博译. -- 南京：译林出版社, 2025. 1. -- ISBN 978-7-5753-0485-6

Ⅰ. B933

中国国家版本馆CIP数据核字第2024UM3151号

Venus and Aphrodite History of a Goddess by Bettany Hughes
Copyright © Bettany Hughes 2019
Published by arrangement with Orion Publishing Group via The Grayhawk Agency Ltd.
Simplified Chinese edition copyright © 2025 by Yilin Press, Ltd
All rights reserved.

著作权合同登记号　图字：10-2022-25 号

维纳斯与阿佛洛狄忒：一个女神的历史　［英国］贝塔妮·休斯／著　万博／译

责任编辑	王　蕾　荆文翰
装帧设计	Iggy
校　　对	戴小娥
责任印制	董　虎

原文出版	Weidenfeld & Nicolson, 2019
出版发行	译林出版社
地　　址	南京市湖南路 1 号 A 楼
邮　　箱	yilin@yilin.com
网　　址	www.yilin.com
市场热线	025-86633278
排　　版	南京新华丰制版有限公司
印　　刷	南京爱德印刷有限公司
开　　本	880 毫米 ×1240 毫米　1/32
印　　张	5.875
版　　次	2025 年 1 月第 1 版
印　　次	2025 年 1 月第 1 次印刷
书　　号	ISBN 978-7-5753-0485-6
定　　价	69.00 元

版权所有 • 侵权必究

译林版图书若有印装错误可向出版社调换。质量热线：025-83658316

布龙齐诺
《维纳斯和丘比特的寓言》（1540—1550 年）
（又名《维纳斯、丘比特，愚蠢与时间》）
局部、木板油画

目 录

前　言　　　　　　　　　　　001

一　诞生　　　　　　　　　　005
二　私通与战争　　　　　　　013
三　欢宴女王　　　　　　　　027
四　劳动的女神＆工作的女孩　037
五　关于爱的那些事　　　　　053
六　迷狂的厄洛斯　　　　　　061
七　维纳斯与无限帝国　　　　075
八　东方女王　　　　　　　　085
九　中世纪的维纳斯　　　　　095
十　人文主义的缪斯　　　　　107

| 十一　票房里的维纳斯 | 119 |
| 十二　现代的女神 | 139 |

| 结　语 | 149 |

致　谢	157
参考文献	161
译名对照表	169

维纳斯

与

阿佛洛狄忒

前　言

维纳斯说完转过身去，玫瑰色的颈项，光艳照人，
仙人般的头发散发出天上的芳香；
她的衣结解开，衣裙垂下遮盖住脚面；
她的步履也表明她是真神下凡。
……
她自己则升上天空，往帕福斯而去，
高高兴兴地回到自己的家，那里有她的庙，
一百个祭坛点燃着阿拉伯的馨香，
鲜花编成的花环散发出芬芳。[1]

---

[1] Virgil, *The Aeneid*, 1.494–514, trans. Lombardo.

维纳斯
与
阿佛洛狄忒

在古庞贝遗址看守严密的库房中，一双晶亮漆黑的眼瞳穿过金属架向外凝望。那是女神维纳斯一英尺高的石灰岩雕像。

她被保存得十分完好。维纳斯不仅留住了眉眼中的秋波（尽管公元 79 年维苏威火山大爆发，最凶猛时每秒向空中抛出 10 万吨岩浆），更保留了雕像上的颜色。维纳斯的头发是金色的。她那泛着红晕的纱幔遮蔽着臀部，但性感仍若隐若现。

这就是我们认知中的维纳斯。安全，有吸引力，有着世俗意义上的美丽。但这位性爱女神实际上是比她最初诞生时更为丰富和复杂的产物。五千年来，这一强大的概念被赋予各种名称和样貌，这位神灵是恐惧与爱情的化身，是苦难和欢愉的化身，也是由欲望而生的痛苦和狂喜的化身。实际上，维纳斯集合了林林总总的人类心性，即那些或好或坏的、驱使彼此交往的动力。她鉴证着我们情感的强弱程度及同类与异类之间的远近亲疏。

所以，正如她有时会化身成为的人类那样，这位爱神也有着非常丰富繁杂、吊人胃口、令人称奇、时而棘手时而充满感悟的生活故事，四十年来，我一直循着她的足迹。这段旅程带我从中东的考古挖掘到波罗的海寒流中的档案，从里海的海岸到霍克斯顿的夜总会。这便是我发现的，一部关于多种形态之爱的女神的演变史。

维纳斯
与
阿佛洛狄忒

一
诞　生

生于海中
看，这阿佩里斯苦心描绘的塞浦路斯女子
她从海中挽起长发
从被海水浸湿的发丝中扭出泡沫，
现在雅典娜和赫拉只能说
我们永远无法与她的美貌相匹敌！[1]

---

[1] *The Greek Anthology, Planudean Anthology*, 16.178, second century BC.

事情的开始并不顺利。

维纳斯——或希腊人起初所称的阿佛洛狄忒——据说最初诞生于创世前的无尽黑夜之中。

古希腊诗人和神话作者们讲述了关于她诞生的可怕故事。大地女神盖亚,苦恼于和天空之神乌拉诺斯(她的儿子,也是她的丈夫)永恒而不快的交合(盖亚不断受孕,他们的孩子受困腹中),便怂恿另一个儿子克洛诺斯采取行动。克洛诺斯准备了一把锋利而坚硬的镰刀,狂乱地砍下他父亲因情动而竖立的生殖器,将其丢入海中。血淋淋的器官一触到海面,就激起沸腾的泡沫。然后,奇妙的事情发生了。在泡沫翻涌的海浪中,诞生了"一位可怖又可爱的少女",这便是女神阿佛洛狄忒。这炽热而血腥的肉体从基西拉岛穿过地中海,抵达塞浦路斯的帕福斯。

然而,尽管这位年轻女神的诞生是野蛮的、粗俗的,但她从海中出现,走向贫瘠、干燥的陆地时,却目睹了奇迹:

嫩绿的枝丫与鲜花不断涌现在她的赤足之下。这美丽而神秘的造物，情欲的化身，颇是一道难得的景观：

> 她穿上美惠三女神和季节女神用春季的鲜花制成的服饰，和季节女神们一样，服饰上有番红花、风信子和盛开的紫罗兰，还有甜美馥郁的俏丽玫瑰，和芬芳的水仙与百合。[1]

繁育的化身阿佛洛狄忒，在两位荷莱女神的陪伴下，向灰秃秃的大地播下鲜花。两位以金纱蒙面的荷莱女神代表着

路德维希宝座浮雕上，两位荷莱（掌管四季的女神）在帮助诞生于海中的阿佛洛狄忒。浮雕是约公元前480年为洛克里（今卡拉布里亚）的神庙建造的

[1] *Kypria*, Fragment 4, transmitted in Athenaeus, 15.682D–E, trans. Breitenberger.

夏季与冬季的季节变化，司掌着时间与秩序。在凌辱与苦难中诞生，这壮美之力不仅被表述为凡人之爱的女神，更是生命轮回与命运本身的神灵。阿佛洛狄忒远不只是情人节卡片上的迷人形象。

这就是很多古希腊人对阿佛洛狄忒诞生的解释。这个故事，还有一些变体（另一个神话故事认为阿佛洛狄忒是众神之主宙斯和洋流女神狄俄涅的女儿），都在地中海世界中被不断地传述。古代人对他们超自然的爱欲女神的诞生有着生动的心理构想。她的精神印记已经非常明显，但是她的物理痕迹又如何呢？考古学又是如何从实地揭露了关于阿佛洛狄忒的历史起源和崇拜？

正如我们预想的那样，实物证据为神话提供了有说服力的佐证。然而，阿佛洛狄忒起源的真相几乎和传说中一样离奇。

早在古希腊人构想出一位被命名为阿佛洛狄忒的性感金发女郎之前，塞浦路斯岛上就有了关于庆祝生命奇迹和繁殖行为的记录。在被称为所谓的"勒巴的女士"的可怖形象中，我们能看到赋予生命的力量在精神上高度性征化的形态，这是一种非常奇特的石雕。五千多年来，这奇妙的造物有着肥厚的大腿、明显的外阴、有曲度的乳房和怀孕的腹部，一个带着眼睛的阴茎替代了脖子和头部。"勒巴的女士"实际上是男性与女性的奇妙融合。

我曾有幸在玻璃罩外研究这位"女士"。她有30厘米高，

塞浦路斯,"勒巴的女士",约公元前 3000 年。1976 年发现于勒巴遗址

极富力量,引人遐想。"勒巴的女士"被发现时仰面向上,由其他更小的雕像环绕,是我们爱神的老祖宗。她耐人寻味,却并非形单影只。

继续向前追溯,至少在六千年前,塞浦路斯西部的高原和山麓布满了小小的、怀孕的女性石雕,也都有着阴茎形状的脖子和面部,以及明显的女性器官。这些石雕——可爱的小东西们,蹲踞于此,触感光滑,散发着奇异的嫩绿色——数量巨大,都在这里被创造出来。许多石雕头部有孔,一定曾作为护身符被佩戴。在尼科西亚老塞浦路斯博物馆后面的神秘仓库中,我第一次看见了这些雌雄同体的奇迹。它们被精心摆放在爱德华时代的木制陈列柜中,与史前时期有着极为生动的联系。许多石雕由质地较软的蛇纹石制成,有自己的缩小版,作为护身符佩戴在脖子上。它们可追溯至青铜时代,

维纳斯
与
阿佛洛狄忒

出土于塞浦路斯勒巴的叶蛇纹石雕像，约公元前 4000 年，现藏于尼科西亚的塞浦路斯博物馆

这一时期塞浦路斯的男女分工似乎是均等的，大部分神秘的男女同体庇护神是在家庭空间内或在当时可能是史前生育中心的遗址附近被发现的。（它们脖子上那些缩小版的自己可能代表了未出世的孩子。）在勒巴遗址，基础的石制和泥制小屋得到了重建。在游客们每年开车去海滨度假的路途中，这个橄榄树下的史前产房是令他们好奇的有趣谈资。

公元前 405 年，雅典剧作家欧里庇得斯将这里称为"阿佛洛狄忒之岛"，当时，繁殖的、高度性征化的形象在此处似乎是社会和仪式的中心。除了这些貌似邪恶的雕像外，我们还发现了一些海贝和一枚特里同海螺，也只能靠这些去想象当时的仪式。在这里的早期塞浦路斯社会中，佩戴着这些祈愿塑像的女祭司－助产士们可能协助了分娩，这些小雕像可能守护了家庭与神龛。但现在仍未能证实当时的人是否全方位崇拜某个已知的性爱女神。

那么，女神阿佛洛狄忒究竟是如何来到塞浦路斯（希腊语中的库普洛斯）岛的？阿佛洛狄忒、维纳斯，对许多人来说仅是库普里斯，意即塞浦路斯的女士，这位在古代有诸多不同称谓的神灵，是如何在文化上被构想和生成的呢？

好吧，同往常一样，这些神话讲对了一件事。阿佛洛狄忒的确跨海而来。

二

私通与战争

　　手握强权的女士……
　　敬畏加身
　　驾驭火一般的力量……
　　洪水、风暴、飓风与之为伴……
　　斗争的谋划者
　　敌人的粉碎者……

　　伊南娜：
　　我将拧断你的脖子
　　折断你粗厚的角
　　将你丢入尘埃
　　用我的恨意践踏你

我的膝盖将抵住你的脖颈……

争斗是她的游戏

她乐此不疲……

一位迅疾的战士,

乘旋风而来……

狂野的公牛女王

强壮的女霸主

勇猛异常……[1]

---

[1] 《伊南娜与埃比赫》,约于公元前 2350 年由历史上第一位著名女作家恩赫杜安娜创作,1-44 由 De Shong Meador 翻译。这是一首描述女神伊南娜勇士一面的祷告诗。伊南娜是阿佛洛狄忒谱系中的原型。

维纳斯

与

阿佛洛狄忒

阿佛洛狄忒－维纳斯是个复杂的产物，她实际上有两种出身：在塞浦路斯海岸，她是早期的丰饶和繁衍之神；在塞浦路斯东部，她是骁勇的女战士，这一形象起初由美索不达米亚传至安纳托利亚和黎凡特。因为在一个横跨现代伊拉克、叙利亚、约旦、黎巴嫩、土耳其和埃及的地区，至少从公元前 3000 年起，女性和男性就在相互观察中生成了一个性与暴力之神，以此解释人类行为中那些暴躁的、充满欲望的天性。

这一时期的骸骨证据表明，当时战乱频仍，动荡不安，又激情豪放。在安纳托利亚的伊基兹特佩一个可追溯至青铜时代早期的墓葬群中，有 445 具可辨别的尸体，其中年轻人和老年人都有严重的头部损伤，43% 的男性有暴力创伤的痕迹。这一时期的大部分女性在 12 岁时分娩，在 24 岁时成为祖母，在 30 岁与世长辞。男人们被斧头砍伤肋骨和大腿，被箭矢射穿头骨，被标枪击中背部。我们经常发现，男人，有时也包括女人，在战争中负伤，包扎之后又被送上战场。而且当时似乎有一种观念，即所有的欲望和冲动——驱使爱欲和战争的感觉——是同源的。因为深信世界上的怪力乱神无处不在、无所不有，所以人们确信有残忍的欲望之神掌管着这一切。他们为纷乱的欲望赋予了神性实体。迷人的是，他们反其道而行之：随着社会军事化加剧，男性逐渐占据主导地位，这凶猛的家伙不再是男性和女性的混合物，现在已是完全的女性。随着早亡可能性的增加，早期的诸多"生命周期"女神成为死亡的主要预言者。激情与战争的狂野以女性形态展现：在整个中东，出现了一系列争强好斗、荒诞不经的女神，主要有伊南娜、伊什塔尔和阿施塔特。

这些女神在当时的新兴城市受到狂热崇拜。仅在巴比伦，就有至少180座伊南娜神庙。我们从《吉尔伽美什史诗》中得知，城市里繁华的伊什塔尔神庙是拜神的场所，也是商品贸易和思想交流之地。埃及法老阿蒙霍特普三世患病时，曾要求将伊南娜的雕像从她在首都尼尼微（今摩苏尔）的神殿中带来，希望用女神强大的力量拯救他的生命。除了频繁被描述为活泼好动、变化无常的年轻女孩外，伊南娜、伊什塔尔和阿施塔特最初也是与现在我们所称的金星相关的天神。作为所有星体中最亮的一颗，金星在宇宙中反复游走（金星一度被认为是两颗独立的晨星和昏星），在古人看来这象征了女神摇摆浮动的心性，展示着对旅行和征战的需求。人们认为金星本身寄宿着神灵的力量。公元前680年，尼尼微的新亚述国王埃萨尔哈顿传召违背协约的人到王宫时，对他们怒

伯尼浮雕，"夜之女王"，有着尖翅与利爪的女神，佩戴有角的头饰和精致的珠宝。公元前19—前18世纪，黏土烧制，含赤色赭石颜料，现存于大英博物馆，发现于巴比伦尼亚地区

吼道："愿金星，最明亮的星星，在你们的眼前，让你们的妻子匍匐在你们敌人的腿间……"

巴比伦的伊什塔尔城门上，饰有对伊什塔尔的褒奖："她征服一切"；伊南娜经常身着华美的白色服装，是一位拥有至高君主权力的善变少女，她从不结婚，却总是让别人心碎（作为战争的使者，她的形象偶尔会留有胡须）；与阿佛洛狄忒在基因层面有着最紧密联系的神明，总是在漂亮的船上被绘制在船头，她便是腓尼基的阿施塔特。

"有角的阿施塔特"，公元前3—前2世纪，雪花石制，现藏于巴黎卢浮宫，发现于巴比伦附近的希拉墓地

"性感的伊什塔尔"，公元前1150—前1110年，赤陶制，现藏于巴黎卢浮宫，发现于埃兰帝国的苏萨

维纳斯
与
阿佛洛狄忒

如果你从约旦南部瓦迪拉姆的连绵红沙去往该国北部布满黑色玄武岩的沙漠，再穿过黎巴嫩贝卡谷地上方的肥沃山坡，就可以发现维纳斯-阿佛洛狄忒早期的祖先阿施塔特幸存的遗迹。与她美索不达米亚的姐妹，本章开头赞美诗中的伊南娜一样，阿施塔特也常被描绘成有角的形象，囊括了战争、死亡、性带来的毁灭和赋予生命的力量。阿施塔特在这整片地区广受崇拜，在提尔、西顿和比布鲁斯等城市尤为强烈。阿佛洛狄忒的古代神殿往往建在阿施塔特青铜时代和铁器时代的圣殿上。

现在的叙利亚德拉附近，约旦北部边境地区，有一座供奉阿施塔特的城市，在《创世记》和《约书亚记》中被称为亚斯他录。我上次去的时候，军队在夜间轰炸，炸弹炸毁了东西方共同的遗产。白天，阿帕奇直升机布满天空。迫击炮摧毁了布斯拉精致的罗马剧院；布斯拉博物馆中的那些阿佛洛狄忒雕像，有一些是由希腊帕洛斯岛上的大理石制成的，部分下落不明。流离失所的叙利亚难民涌进边境，排队等待被安置。能感觉到冲突十分接近。亲历这样的骚乱让我进一步体会到阿佛洛狄忒先祖们的可怕力量。这个王朝的女神们可不是安逸的产物。欲望——为了控制、血腥、恐惧、支配、狂欢、正义、激情、迷幻——能够导致战争和迷情，搅得世界天翻地覆。从荷马时代开始，作家们就一直混用关于军事侵略和性侵入的词语。在荷马时代的希腊语中，"meignumi"兼有上述语义。在古代世界，表示爱、激情和欲望的厄洛斯与表示不和的厄里斯紧密地联系在一起。

扰乱心绪的女神,对她们的崇拜广泛而热烈,我们由此看到,古代社会已经意识到,欲望会导致纷争。阿佛洛狄忒的先祖们就是这种意识的化身。在人类社会的故事中,原始的阿佛洛狄忒确实可爱,但她也很可怖,是日与夜的结合体。阿佛洛狄忒和维纳斯源于一个令人生畏的家族。

伊南娜、伊什塔尔和阿施塔特也是不断变化的女神。我们可以追逐东方爱与恨之神西进的旅程,在那里,女神的头颅被重塑,并最终被命名为阿佛洛狄忒。为了见证这种分割与融合,我们必须离开中东沙漠和黎凡特山地的传说,沿着阿佛洛狄忒的踪迹,回到充满传奇的塞浦路斯岛。

前往塞浦路斯东南部的海岸,靠近拉纳卡机场,别看那些飞机——在冬季也要把你的目光从火烈鸟群上移开,这些客人在盐湖已有五千年的历史——然后你就可能辨别出考古学家们在哈拉苏丹清真寺挖掘的古代大都市。这是迄今为止发现的最大的青铜时代都市:它占地 50 公顷,比 50 个足球场还大。

这个风中的聚居地的存在表明,在这个亚洲、欧洲、非洲交界的小岛上,贸易商和本地原住民间有着持续不断的交流。来到这里的东方移民带来了他们奇怪的新仪式,公牛崇拜和公牛宰杀,之后他们似乎将这些仪式与本地生殖崇拜融合到了一起。

在城市残存的遗迹中，人们从古埃及和希腊西部暗褐色泥土中挖掘出来的考古财富里发现，闪闪发光的金色菱形物体上有着阿施塔特－伊什塔尔女神的形象。阿佛洛狄忒的这位穷兵黩武的曾祖母显然是在向欧洲进发。但是，我们都知道，阿施塔特－伊什塔尔并没有到达过这片处女地。

在那些奇异的、有着难以言喻之美丽的雕像时代之后，塞浦路斯开始崇拜一个本土女祭司－女神和至高无上的女王——瓦纳萨。她似乎是某种感官的、精神上的自然神灵，是喜欢自己香气的女王。最近出土的这一时期塞浦路斯的香水作坊，可以追溯至公元前 2000 年，这支撑了文学作品中的记述：在阿佛洛狄忒之岛上，人们用光亮的芳香油供奉自然女神。

香水是这座岛上出口的爆款产品，因为它所处的完美位置，能够接受来自三个大洲的原材料，而且略微炎热的环境使它拥有独特的动植物群。阿佛洛狄忒自己一直与气味相伴相行：据说她被美惠三女神洗濯，正如荷马的《奥德赛》中所载，她沐浴在帕福斯的香水中：

然后喜爱欢声笑语的阿佛洛狄忒，
（去往）塞浦路斯的帕福斯，她那里的领地
祭坛烟雾袅袅。美惠三女神在这里
为她沐浴，以芳香的精油擦拭她的身体
不朽的神灵皮肤闪闪发光
然后她们为她穿上美丽的服装

众人惊叹。[1]

由此，东方的女神阿施塔特-伊什塔尔摇身一变成为库普里亚的自然和繁殖女神，反之亦然。阿佛洛狄忒的形态多变。当地女子和男子想要相信故事中快速发展的世界及他们所处的地位，受此驱使，神灵的融合产生了神圣的爱子。

这一混合而成的塞浦路斯女神在很多方面悦人感官。我们在岛上发现的这一时期的女神雕像形态奇异，她们有着似鸟的头部，耳部有两道穿孔，经常怀抱婴儿。她们似乎横跨人神两界，介于自然与超自然之间。她们常常华丽地装饰着金项链和环状耳饰。这些令人赞叹的存在——遍布全岛——提醒着本地人和游客，库普里亚是充满可能性的陆地，是大洲之间的文明熔炉。这是个好地方——对人和神皆是如此——适宜宣示主权。

塞浦路斯在这一时期的文化活力显著提高，这依托于岛上丰饶的自然资源——尤其是丰富的铜矿资源。如今，驱车穿过这片土地，你仍能在史前矿井的附近找到现代铜矿开采的痕迹。在许多主要的铜产地附近，都曾发现一位女性神灵的圣殿。铜，作为这一时代的必需品青铜的重要构成部分，的确非常重要。我们有绝佳的个人信件，即阿马尔那泥板，发现于上埃及地区肥沃而繁忙的尼罗河畔，可追溯至公元前

[1] *The Odyssey*, 8.389–95, trans. Lombardo.

塞浦路斯青铜时代的考罗卓芙丝女神之魂，鸟面，常被塑造为怀中哺育儿童的形象。公元前1450—前1200年，陶土制，现藏于大都会艺术博物馆，发现于尼科西亚·圣地帕纳斯克维

赤陶制女神雕像，约公元前800年，出土于塞浦路斯，现藏于大英博物馆

1350年左右，该信件由中东通用的阿卡德语书写，记述了从塞浦路斯进口铜的内容。铜与锡合成青铜，即青铜时代世界的符号与象征。青铜能够制造轻巧而致命的武器。群落渴望着它——那些生产、交易和应用新技术的人成为富有的战士－英雄们。阿佛洛狄忒的岛屿，库普洛斯——意为"铜之岛"——为快速变化的人类社会提供了动力，而控制这些资源的超自然力量被视为奖赏的化身。

这一时期，岛上盛产精美的珠宝首饰：精巧的铜质胸针、金冠、硕大红玛瑙装点的夺目项链。所有这些无足轻重或非比寻常的物品，催生了一种新的物质主义。甚至还有一枚石榴形状的纯金吊坠，表面颗粒状的珠子精心排布成一个个小三角形，为这个精美的物件带来迷人的规律性和有冲击力的时尚感。在青铜和黄金生产中的烟雾、粉尘、嘶嘶声响和冶炼的热浪下，我们可以想象维纳斯早期精神的铸就。贯穿古代，火和冶金一直是阿佛洛狄忒崇拜的核心，基本可以确定是对她史前化身的回溯。可能这也是为何在希腊传说中，阿佛洛狄忒嫁给了锻造神、火神赫菲斯托斯。她在很多方面都与铜相关。[1]

所以，除了是淫乱和战争的庇佑者，阿佛洛狄忒和她的先祖们也是一个热烈的文化氛围中关键的灵魂人物，在这动荡的世界中，野蛮与辉煌并存。这位女神是文明的伙伴，也是人类社会野心的集合，善恶兼具：是一个多面的、绚烂的、可怖的力量。我们从青铜时代早期一首伊南娜的颂诗中可以听到这些：

他给予我大祭司的身份……

（然后清单继续：）

---

[1] 原文中 brazen 一词既表示黄铜制的（与阿佛洛狄忒的原生背景相关），又可以表示厚颜无耻（与阿佛洛狄忒在神话故事中的行为举止相关）。没有明显的证据显示作者不希望展示出这种双关。——译注

他给予我神格……守护者身份……坠入地下世界……从地下崛起……匕首与剑……黑色的服装……彩色的服装……松散的头发……束起的头发……不变的准则……激动的战栗……爱欲的艺术……阴阳的交合……淫乱的艺术……讲话正直坦率的艺术……诽谤中伤的艺术……发言中修辞的艺术……狂乱的堕落……神圣的酒肆……天上圣洁的女祭司……歌曲的艺术……英雄的艺术……权力的艺术……背叛的艺术……直言不讳的艺术……劫掠城市……上演悲剧……心中喜悦……阴谋诡计……反叛之地……仁慈的艺术……旅行……安全的栖息地……饲养的围栏……羊圈……恐惧……惊惶……沮丧……令人恐惧的狮子……点燃火焰……熄灭火焰……聚合的家庭……生育繁衍……挑起争端……劝解……抚慰人心……[1]

阿佛洛狄忒在最早的版本中，完全是动荡的拥护者和文化进步的推动者。"阿佛洛狄忒法则"普遍存在。这是一种热情，让人去参与，以经验浸润生活，然后享受肾上腺素激增到此生最高程度的感觉。诞生于积极的男女头脑中，作为欲望及其满足的倡导者，她很快也成了极度追求享乐的守护神。

---

[1] Prayer-poem of Inanna, c.2500 bc, trans. Wolkstein and Kramer.

巴比伦圆筒印章，公元前 1800—前 1600 年，略高于 3 厘米，现由英国私人收藏。这一时期，伊南娜被称为"晨星和昏星女神"

三

欢宴女王

天上的阿佛洛狄忒,帕福斯的女王,深色睫毛的女神,仪态万千。①

---

① 'Orphic Hymn 56' to Chthonian Hermes, trans. Taylor [adapted].

在早期，塞浦路斯的维纳斯也化身为人们的享乐之爱。女神在一个充满激情的时代完全进入人们的视野。大约在公元前 1150 年，美丽的青铜时代文明开始崩塌。从东部赫梯帝国的特洛伊，到西部迈锡尼的梯林斯和底比斯——后者是迈锡尼文明中希腊人的定居地——大城市进入多米诺骨牌式的衰落。这场骚乱的起因仍在热议中，最常出现的解释是来自黎凡特"海上民族"的攻击。但最近对加利利海底的岩心分析证实，公元前 1300 年至前 1500 年间，该地遭遇了毁灭性的巨大旱灾。这种气候灾难，加上海事技术的发展，似乎令那些擅于像海盗一样掠夺的人占了上风。随着迈锡尼文明的崩溃，来自克里特岛和欧洲大陆的移民开始向东部和北部穿越爱琴海，带来了他们自己对女神的想法，正如荷马所言，这位女神的裙带下，隐藏着爱的秘辛。

我们即将见证已为人知晓的"维纳斯的诞生"。

这一时期，在塞浦路斯，雕像和神殿的明显演变揭示了当时正在发生的、同性别间的、三方王朝的结合——改变发生在希腊的繁殖与人际关系女神和东方关于性与战争的女神之间，塞浦路斯的本土神与东方接触后受到了影响。

塞浦路斯是早期希腊旅行者的第一个，也是最重要的停靠港。当东西方文化在该岛南部碰撞时，一个非凡的圣城拔地而起——帕莱奥帕福斯（古帕福斯），如今它俯瞰东部地中海，早已被几公里外帕福斯空军基地的军用飞机打破了平静。古帕福斯发展成为女神的首胜之所，的确举世无双。几千年来，人们认为这个非凡的、引人注目的、历经风吹雨打的精神中心和被誉为"世界之脐"的希腊城市德尔斐同样重要。荷马是第一个在文学作品中提及帕福斯和它"烟雾缭绕、散发着香气的祭坛"的。与其他神灵不同，阿佛洛狄忒的祭坛没有被牲祭玷污——尽管有着好战的起源，这位爱之女神似乎不再嗜好鲜血——虽然她仍保持着燃烧芳香油及熏香这种明显的东方喜好。实际上，甚至在现代社会早期，人们还生产了女神形状的香水瓶，这也表示她有刺激多重感官的能力。

古帕福斯令人陶醉。尽管从文艺复兴晚期开始，这里丰美的古文明就被系统地剥离了，但是正在进行的挖掘工作显示出此处曾经多么辉煌夺目。徒步穿行需要好几个小时，这里在全盛时期曾是声色纵横的繁华之地：国际化、引人注目、充满激情。塞浦路斯出土的黏土模型证明，青铜时代的仪式曾经如火如荼地举行。人们专注地坐在椅凳上。似乎是被排除在神圣的集聚之外，一个可怜的、想参加集会的人透过窗子凝望着内部。在塞浦路斯，你若不是仪式的参与者，就是被放逐者。

在《荷马致阿佛洛狄忒的颂诗》中，我们知晓了帕福斯的圣殿由金门护卫，基本可以确定是由青铜制成的。那里有玫瑰花园、甜香桃木林和莲花池。玫瑰、紫罗兰、百合花、罂粟花和莲花常被织成用于祭拜阿佛洛狄忒的花环。苹果、榅桲和石榴（一种与性、与事关生死的血液相关的水果）也是女神的圣物。在一个本地的、宽大匀称的花瓶上，一幅精妙的画作展示出一位躺卧着的女神形象（或者是阿佛洛狄忒的女祭司之一？这很难辨别……），正准备用吸管饮酒，基本可以确定酒内含鸦片。岛上女神的其他神殿中也处处可见烧鸦片的炉子。在舞者和树影的映衬下，壮美的中心人物穿着黑色丝质腿套出现。这一幕紧张热切、生气勃勃、愉快活泼、撩人心魄。旁边，一尊半人半兽的雕像——一半是女性，一半是骆驼——嗅着天然的春药，一朵莲花。

我曾有幸深嗅一朵鲜切的蓝莲花，它自尼罗河中摘出，花蕊是太阳般的金色。古人相信这种花是神圣的，因为它能够让使用者产生快感。蓝莲花被添加进酒中，被吸入体内，被制作成精油，在神殿中焚烧。近期有研究表明，蓝莲花确实具有温和的催情和精神安抚作用。这是大自然让人愉悦的馈赠。

所以，我们可以在脑海中构建出一些重要的流行形象，其与蓬勃发展的阿佛洛狄忒崇拜密切相关。女神的许多信众在尼科西亚的塞浦路斯博物馆中得到了永生；精巧的手工泥塑，有些还保留着原始的涂料，提着装满面包、蛋糕和花环的篮子。帕福斯的女神被献上蜂蜜、软膏、香油、树叶和水果。甚至还有一些蛋糕模具，呈手臂向上伸展的女神造型——这是一种典型的祈祷和联通精神领域的姿态。女神崇拜由音乐活跃气氛：铃鼓、框鼓、手鼓、铙钹和竖琴。来自欧洲、非洲和亚洲的朝圣者们，为阿佛洛狄忒提供了四千余件零碎的贡品，已在帕福斯圣殿出土，年代可追溯至公元前1000年至前400年之间。甚至在公元4世纪——当时塞浦路斯名义上是信仰基督教的国家——灯火也被留给了传承当地精神的女性，就像数个世纪以来那样：

墨勒阿革洛斯将这盏灯献于你，亲爱的塞普里斯
他的玩伴，已进入你们夜空之节的秘密①

但此处存疑。塞浦路斯关于自然和爱的性感女神通常被直接称为女王或女神。阿佛洛狄忒这一名称是在何时，如何获得的？公元前8至前7世纪的《荷马史诗》的创作者，将帕福斯的性感女神称为库普里斯，以及我们更熟悉的——阿佛洛狄忒。一些希腊人认为"阿佛洛－狄忒"意味着从泡沫中出生（希腊语中阿佛洛"aphros"指海中的泡沫），但实际上阿佛洛狄忒的起源可能是腓尼基名字阿施塔洛特（在希腊

① *The Greek Anthology*, 6.162, first century BC.

为阿施塔特）——其自身可能有闪米特语的根源，意味着明亮的、闪耀的。我们所寻的、关于女神获得阿佛洛狄忒这一名称的起源，是一个挑战，因为她来自史前和原始社会交错的时代——当时的许多生活仍缺少书面记录，因此必须从口头传统和物质遗迹中推断。

但可以确定的是，到了铁器时代的繁盛时期，在公元8世纪，这位欲望女神有了新的名字，阿佛洛狄忒，帕福斯的圣殿被认为是她最喜欢的俗世居所。

从这时起，帕福斯的阿佛洛狄忒被描述为一位拥有红色乳房的赋生之神。鸟和鸽子于她有着特殊的意义，正如它们于她的一位中东先祖那样；希腊语的鸽子，珀里斯特拉，基本可以确定来自闪米特语中的珀里伊什塔尔——伊什塔尔之鸟。

青铜鸽子、陶土鸽子、大理石鸽子和手持鸽子作为祭品的雕像都曾在她的神殿中发现。在伊达里昂的塞浦路斯神殿，一个鸽子窝被精心地从红土中挖出，作为送给女神的礼物。阿佛洛狄忒与这种浅吟低唱的鸟儿关系甚密——如今，从弗朗索瓦·布歇情色线条中的精细描绘，到略略粗糙的网络色情图像，你都可以看到她与鸽子在一起的形态。

在铁器时代，阿佛洛狄忒通常穿着衣服，深受动物和鸟类的喜爱，她被华丽装点，饰有玫瑰、花朵和精致的珠宝。

因为这位女神是如此包罗万象，对神性的信仰是如此绝对，若缺少她的支持，当地的男男女女将倍觉无助。当时古墓中的证据表明，这是一个充满疾病和压力的时代：疟疾、癌症和麻风病都很常见。我们应当铭记，对那些古老的社会而言，伟大的女神并不是可有可无的多余之物，不是一种可以或相信或忽略的概念：她就像天空和大海一样真实。若没有她，一切将不复存在。她的存在带来了希望。在帕福斯，仍能看到一座青铜时代晚期的巨大墙壁。我们可以想象阿佛洛狄忒的追随者们在此躲避地中海的艳阳和近东地区的狂风，他们热切地寻求女神的力量、慈悲和保护。她被生动地想象着：

> 她走进去，推开闪闪发光的大门，在那里，美惠三女神用圣油为她沐浴，女神永恒的圣体润滑光亮——她随身所携的神圣甜美的芳香之油馥郁芬芳。然后爱笑的阿佛洛狄忒穿上全套的华美服饰……用金饰装点自己……她穿的袍子比火光还亮眼，这金色的华美衣袍，巧夺天工，如月光照在她柔嫩的皮肤上一样闪耀，令人惊叹。[1]

引文中提及"爱笑的"十分重要。它可能简单地意味着愉悦——当然，自从她在中东大陆的先祖们来到塞浦路斯的帕福斯，这位受到崇敬的女神已经温柔了一些。但是阿佛洛狄忒的笑容——尤其是她的微笑——也可表示为女士的性。阿佛洛狄忒的崇拜者们常在仪式中使用扇贝壳装饰她的神殿。

---

[1] *Homeric Hymn to Aphrodite*, 5.58–87ff., trans. Evelyn-White.

维纳斯

与

阿佛洛狄忒

弗朗索瓦·布歇,《维纳斯与两只鸽子嬉戏》,1754年,纸本粉彩

这当然可能是对女神在海洋中诞生的致意——但还有更多含义。扇贝壳通常呈穿孔状,这样就可以在崇拜仪式中戴在脖子上。扇贝壳的内部看上去与女性的阴道和阴蒂惊人地相似。传统希腊语中的 ketis 一词,既指类似扇贝的海洋生物,又指女性的阴唇与性器官。

所以古帕福斯有着很浓厚的情色氛围。这也许并不稀奇,根据传说,阿佛洛狄忒想引诱凡人安喀塞斯,便去了古帕福斯,她和她的情人战神阿瑞斯幽会被抓现行后,也逃到了那里。人们在帕福斯给予了女神无尽的、富有激情的想象。

但阿佛洛狄忒的绝妙之处在于,她不仅仅是想象的产物。跟随着她在各个时段留下的物质踪迹,她就像一个晴雨表,展现了血肉之躯的男女们种种的欲念、情欲、欢愉、目的和追求——实际上也反映了不同性别和性取向的观点。

四

劳动的女神 & 工作的女孩

阿佛洛狄忒,只有你
执掌权力和荣耀,
是万物的女王![1]

阿佛洛狄忒 – 庞蒂亚,深海的阿佛洛狄忒,
阿佛洛狄忒 – 利米尼亚,海湾的阿佛洛狄忒[2]

你的力量是征服的言语,
将平凡与非凡置于脚下[3]

[1] Euripides, *Hippolytus*, 1268ff, trans. Vellacott.
[2] Pausanias, *Description of Greece*, 2.34.11.
[3] Homer, *The Iliad*, 14.197.

阿佛洛狄忒这一名称的首个确凿证据，实际上并非来自塞浦路斯，而是来自那不勒斯湾内郁郁葱葱的小火山岛伊斯基亚，1963 年，伊丽莎白·泰勒在那里拍摄的电影《埃及艳后》，让性爱的力量在此画上不朽的印记。

出土于罗得岛的公元前 740 年的陶土杯上，从左至右刻着这样的——戏谑的、让此物更具幽默特性的——字样：

> 我是涅斯托尔的杯子，宜于畅饮。
> 不论是谁以此杯饮，就会立刻
> 陷于佩戴华美桂冠的阿佛洛狄忒的欲望。

阿佛洛狄忒先是出现在文字记载中，此后在古老的酒杯上作为酒后乱性的代言人，偶然被某位狂欢的宾客提及。这位爱神常常与狄俄尼索斯 - 巴克斯和他所赠的美酒联系在一起，后者是希腊-罗马的狂欢之神、越轨之神、丰产之神和放纵之神。而且，即使《荷马史诗》中的国王涅斯托尔的伊斯基亚壶上有着对上流社会的讽刺，阿佛洛狄忒仍是受社会各个阶层喜爱的女神。

阿佛洛狄忒一旦拥有姓名——并由此留下可追踪的书面和口头记录——她就有了多重意义，无处不在。从平民百姓到达官显贵，这位女神在日常生活和工作中活跃于为文明的多个侧面服务。

阿佛洛狄忒的故事是赫西俄德和荷马作品的核心，这两部作品实际上是古代希腊流民的《圣经》，所以至少从公元前8世纪之前开始，这位女神的名字就已在东地中海广为流传。她也与塞浦路斯的斯塔西努斯创作的希腊史诗《库普里亚》同名。该史诗现已失传，是《伊利亚特》的前篇。《库普里亚》中仅仅拥有只言片语的阿佛洛狄忒被塑造为特洛伊故事中的关键人物，引诱了海伦与帕里斯私奔。我们在这一文本中又一次听闻对女神魅力的称赞：

> ……有番红花、风信子、繁茂的紫罗兰和盛放的玫瑰，如此甜美芬芳，还有神圣的种芽，水仙和百合花。阿佛洛狄忒在每个季节都身披馥郁。[1]

---

[1] *Kypria*, Fragment 6, Athenaeus, 15.682 D, F trans. Evelyn-White.

但是——正如她史前时期的起源表明的——她不仅是一位爱神。阿佛洛狄忒是更为强大的人神混合的化身,是无处不在的推动力量,据传可以整合一切,能够鼓励(有时是强迫)亲密关系、联系与合作。阿佛洛狄忒女神密切关注着人类——那些选择共同生活在乡镇、村庄、城市和国家的生物。据传是她鼓励男女之间有身体、文化和情感的交集,激发了跨越国界和边境的关系发展。她使人类成为具有社会性的人,并鼓励社会和谐。她的旨趣既是阿波罗式的,又是狄俄尼索斯式的。实际上,从剧作家到哲学家,古希腊的作家们都认为阿佛洛狄忒促推团结的力量是宇宙中的最强之力,比其他神灵都要强大。

因为她的"融合"天性和诞生于海洋的出身,人们认为阿佛洛狄忒也会庇佑离开陆地驶向海洋的船队。在港口城市总会发现她的圣殿:想想塞浦路斯的帕福斯、希腊本土的科林斯、小亚细亚的尼多斯、西西里的叙拉古、雅典附近的比雷埃夫斯和那不勒斯湾的庞贝。

阿佛洛狄忒-维纳斯实际上也是庞贝的重要神灵——这也解释了那座美丽的彩色雕塑为何在那里的储藏室中幸存。自公元前89年起,庞贝的正式名称是 Colonia Cornelia Veneria Pompeianorum,意为"在神圣维纳斯庇佑下的庞贝的宝贵领地"。这座城市的主要建筑是一座精美的女神神殿,神殿由卡拉拉大理石建造,白色斑纹的大理石铺就了一条从广场进入的专用道路。阿佛洛狄忒-维纳斯的圣殿守护着城市的港口要道。

这位女神是庞贝的吉祥物。在庞贝的碑文中，她常被描述为"维纳斯·菲西亚"——身体健康的维纳斯，可能是指前罗马时期的健康和繁殖女神，最初在维苏威肥沃的山坡上被供奉。如果你有幸说服庞贝的守卫让你进入不对外开放的卢克莱修宅邸，你就能看到墙壁上精巧地描画了她和她的情人马尔斯。她的身影也出现在洛瑞阿斯·蒂伯庭那斯宅邸内，名为《维纳斯和马尔斯之家》的壁画上；出现在那不勒斯博物馆的储藏间里，艺术家将战神描绘在他爱人的左胸上。

一位女士来自庞贝近郊的奥普隆蒂斯，因火山爆发不幸去世，她佩戴的金手镯上展示了维纳斯盯着丘比特手持的镜子；回到庞贝，更加便宜的青铜制品在公元79年那毁灭性的火山喷发中保存下来，上面是海中的维纳斯扭干头发的画面。恋人们感激她："如果你不相信有维纳斯，就看看我的女孩。"他们也咒骂她："我想用棍子打断维纳斯的肋骨，砸烂她的大腿。她既已刺穿我温柔的心，我为何不能砸碎她的脑袋？！"在毛料商店中描绘维纳斯的广告旁，有一句风趣而潦草的涂鸦："如果维纳斯是大理石制成的，拥有她还有何意义？"甚至在遗留下来的选举海报中也会提及女神："为我投票，庞贝的维纳斯将带你走向成功！"在某个庞贝的花园里，她在壁画中又一次出现，慵懒地漂浮在巨大的贝壳上，陪伴着那些经常在庞贝举行花园聚会的人——品美酒，尝佳肴，地中海吹入的海风，与我们所知的生长于这座城市中的月桂、茉莉和玫瑰的香气混合在一起。

意料之中的是，维纳斯也出现在那里，审视着那些画在工坊、家庭和本地妓院中的露骨的情色场景。我上一次在庞贝的老面包店里，调查公元79年灾难发生那天混搅的石灰泥残留物，以补充维苏威火山爆发时第一阶段的地质活动后果，实话说，我很惊讶能够在身后的前厅中发现这种极其色情的场景。但是这里曾是维纳斯的城市，庞贝给人的感觉就是为那些将要出海的人准备的海滨派对场所，在那里"发生在国外的事，就留在国外"。

也许是意料之中，因为她与海洋和性交都有联系，阿佛洛狄忒不仅仅是港口和港口城市的女神，也是妓女的守护神。实际上，我们从罗马和希腊的史料中均可得知，她被视为"最古老的职业"的守护神。罗马共和国的恩尼乌斯是一位对希腊作品非常感兴趣的文学家，被誉为罗马诗歌之父，他也曾（在对希腊作家欧伊迈罗斯的译作中）断言，维纳斯实际上最初是创造了卖淫的女性，然后才被视为女神而崇拜：

> 维纳斯是第一位创建卖淫艺术的人，并将此介绍给塞浦路斯的妇女们，这样她们就可以将身体转化为公共财产，并以此获利。[1]

---

[1] Lactantius, *Divine Institutes* 1.17.9 - 10 = Euhemerus Testimonium 75A Winiarczyk = *Brill's New Jacoby*, 63F25.

044

"庞贝的维纳斯",诞生后斜倚在贝壳里,身旁有丘比特陪伴,公元1世纪,出土于庞贝维纳斯之家,现藏于那不勒斯国家考古博物馆

罗马壁画，表现马尔斯和维纳斯的婚礼，来自卢克莱修宅邸的前厅

恩尼乌斯的讲述并非毫无根据。在古希腊，阿佛洛狄忒·潘德摩斯（Pandemos，意为"流行的"），"共有的阿佛洛狄忒、人民的阿佛洛狄忒"，被誉为妓女和粗暴性行为的守护神。雅典的帕特农神庙入口前便供奉了阿佛洛狄忒·潘德摩斯——据北非作家阿忒纳乌斯所述，她的神庙由城市中利润丰厚的妓院供养。

一项非凡的考古发现表明，在凯拉米克斯那边宜人的雅典乡村公墓区，自公元前6世纪起，外国的性工作者们就在那里等待生意了，相较于那些贫苦的女孩，她们要价更高，年轻男士们排队等待，加入顾客的行列——雅典人委婉地将之称为"午日婚礼"。除了近期出土的阿施塔特和阿佛洛狄忒便携式的原始雕像外，这里也发现了一个经过明显锤打的银质浮雕，可能是某种墙壁外挂装饰。在这个独特的发现之上，阿佛洛狄忒在厄洛斯的陪伴下，骑着一只山羊穿过夜空。画面中的小山羊和鸽子嬉戏着，一个年轻的裸体男孩在女神前面引路。一个梯子——古希腊语中梯子是 klimax（"递增，高潮"）——被撑在这位面容坚定的神灵身后。（古代对性高潮的常用习语是"阿佛洛狄忒的终点"。）关于性的隐喻比比皆是。人们只能希望，在这个国际大城市中那些受限的、拥挤的、波动的角落中，女神的存在为住在这里的可怜的性奴带来一些安慰，她们白天纺织，夜晚交媾——如此便宜，一次仅需一欧宝，甚至连奴隶都买得起她们的服务。

对色情从业者而言，从雅典向西南方向出发，骑马五个小时可抵达的科林斯城内，也许会有稍好一些的营业场所。这里有辉煌的阿佛洛狄忒神庙，若想到达，就要使劲攀登四公里的斑驳的灰石岩，据说那儿挤满了妓女，随时准备着为来自北非和东部岛屿（如希俄斯和塞浦路斯）的航海者们服务。花瓶和金属器皿上发现了大量的情色画面——现在被妥善地安置在科林斯博物馆的非公开区域——确凿证明了阿佛洛狄忒辖下的圣殿有着大量的性活动，既发生于同性之间，也发生在异性之间。

那么，在阿佛洛狄忒神殿和辖区内活动的娼妓们具有神圣性吗？这是个棘手的问题。史料确切地证明，在科林斯、帕福斯等地的阿佛洛狄忒圣殿，卖淫活动具有神圣性，这是为了向阿佛洛狄忒表达敬意，也是为了物质利益。

"史学之父"希罗多德明确记载了在米莉塔（阿佛洛狄忒在巴比伦的东方名称之一）的神庙中，女性为女神卖淫（希罗多德阐述，无论贫富，所有妇女一生中都会被迫这样做一次），在塞浦路斯的一些神殿中也有类似的做法。这一主题被许多古代作家热切地讨论：我们听闻阿佛洛狄忒的神娼在黎巴嫩、叙利亚－巴勒斯坦、卡吕东、萨拉米斯、西西里的厄律克斯……还有很多地方。塞浦路斯的阿佛洛狄忒神殿据说满是神圣的性工作者，之后的基督教作家们总是谴责这种"恶魔般的"行为。我们听闻在塞浦路斯的阿马苏斯神庙，"那里有一大群外来客，不检点的男女们围绕着他们吵嚷"。[1]

当然，也有关于性交与神性相关的证据——在塞浦路斯阿奇纳附近的一处墓葬中出土了一个有趣的碗状物，上面展示了嗅闻莲花的女性，在神庙中进行着愉悦的性交。2004年雅典奥运会马术中心建成后，一个关于阿佛洛狄忒崇拜的建筑群——阿佛洛狄忒城——在穆里努斯的古代领地梅伦达城郊被发现。在这里，迷人的庭院中种满了树木。从石膏抹就的洗浴区进入，这里有用于供奉的酒器和蜂箱，而且很明显地提到了当时的著名神娼南妮娅。但是，与神娼交易的想象（现存所有的关于神圣卖淫活动的历史记录都由男性写就）似乎远多于为纪念女神而进行常规性交易的现实确证。

于是常识开始介入。当时，性及其变革的、先验的、迷狂的特质都被写入法律，但不会被视为有罪，这往往是一位女性（据传是从11岁左右开始）需要售卖的全部，如果买卖双方没有将一夜情裹上宗教的外衣，也许这一切会更加奇怪。男孩有时也需要为女神"服务"。所以，并非因其存有，而是如果未曾有过神圣的卖淫活动，就十分反常了。需要警醒的是，最大的卖淫交易源于人类争斗的战利品；妓女们的确是阿佛洛狄忒的孩子，因为她是交合与冲突的守护神。

阿佛洛狄忒除了守护随意的肉身接触外，在古代文明中也是婚姻和怀孕的有益保护神。

[1] Acta Barnabae, 20–21.

科林斯出土的镜盖，公元前 340—前 320 年，青铜和银制成，直径 17.5 厘米，有厄洛斯和色情场景（symplegma），现藏于波士顿美术博物馆

公元前 800—前 600 年的阿奇纳碗，在塞浦路斯制造和出土，该碗上有复杂的带状条幅图画和人物形象，及围绕着莲花排列的性交场景

古雅典人口口相传，伟大的立法者梭伦亲自在该市著名的卫城岩石上建立了阿佛洛狄忒·潘德摩斯神庙。这一信息表明，即便是性冲动，现在也处于国家的管辖范围内。据说梭伦为了满足年轻男性的需求设立了妓院，并用经营的收入建起这座神庙。到了公元5世纪，雅典进入"黄金时代"，仅有公民的子女才能获得公民身份（外来者和外国人均不可以），阿佛洛狄忒作为婚姻的制造者（和维持者），在城邦的政治架构中愈加重要。根据近期对证据的重新评估，民主改革家克里斯提尼可能铸造过一种钱币，一面是雅典的守护神雅典娜，另一面是阿佛洛狄忒·潘德摩斯。随着生活越来越艰难、越来越复杂，阿佛洛狄忒也愈加频繁地被援引和尊崇，以维系先进的雅典城邦的和谐与稳定。

在2004年奥运会之前，雅典建造了一个新的地铁系统，从黏稠的土地中挖出了许多罐子，上面展示了婚宴中的阿佛洛狄忒。来到凯拉米克斯车站——然后去铁轨的反方向，现在这是一个时尚聚集区——你会看到一只精心装饰的迷人花瓶，这是这座城市最经典的时尚。在一位准新娘端坐之时，阿佛洛狄忒的一名厄洛忒斯（有翅膀的小爱神，女神的随从）和厄洛斯（她的配偶/儿子）飞来为这位年轻的姑娘带来好运。每个月的第四天都是阿佛洛狄忒的圣日，她在全希腊流行的阿佛洛狄忒节被广为崇拜。在底比斯的某个版本的阿佛洛狄忒节中，幸运的地方将领为了庆祝任期结束，让秘书为他寻找"底比斯最优雅美丽的女子来过夜……无比愉悦"[1]。但是,这个故事有一个非常阴暗的结论:这原本是一场美人计,高级妓女是刺客的伪装。正如女神所示,性与死亡相携。

不论是在婚前还是婚后,传统的阿佛洛狄忒都被确信有项实际的政治工作要做。但她并不只是某些人评判的正统的性与欲望的捍卫者。她也支持着性的流变与试验。

---

[1] Xenophon, *Hellenica*, 5.4.4.

五

关于爱的那些事

> 你能将男人变成女人，
> 将女人变成男人[①]

[①] "心胸最宽广的女士"，恩赫杜安娜关于伊南娜的赞美诗，约公元前 2300 年，编译自 De Shong Meador。

阿佛洛狄忒是探索性欲和性别的启蒙者。阿马苏斯是她在塞浦路斯的主要圣地之一，在那里的墓穴中发现了一个耐人寻味的小雕像。这个特别的迷你塑像是一位面部有浓密毛发的女神，还戴着华丽的头套，留着精致的胡须，在她/他的薄纱裙下，乳房和外阴清晰可见。其他地方的圣殿也发现了非二元性的雕像，在塞浦路斯的格尔基古城圣殿，一位双性人祭司手持一只鸽子——阿佛洛狄忒的圣鸟。希腊时期的历史学家，阿马苏斯的皮昂（由词典编撰家赫西基奥斯引用）记述了阿佛洛狄忒有时会变为男人的形态。

优秀的雅典剧作家阿里斯托芬在两个失传已久的剧目片段（325a 和 b）中对此表示赞同，他告诉观众关于阿佛洛狄忒 - 阿佛洛狄忒斯——女性的 - 男性的阿佛洛狄忒——的崇拜是由塞浦路斯传到雅典的。

现在这里产生了许多状况。据记录，伊南娜、伊什塔尔和阿施塔特的祭司有时是雌雄同体、太监或变性人/双性人，这可能是某种东方的惯例。那些关于性的多重形象可能令人回想起希腊阿佛洛狄忒出生于海中的传说：有人认为年轻的女神身体中保留着她父亲被阉割的男性器官。阿马苏斯的雕像和雌雄同体的祭司可能是将抽象的勒巴女士具象化的版本，或者仅是对性和欲望非二元性质的初步认知。

实际上，"雌雄同体"这一术语源于希腊传说，阿佛洛狄忒和赫尔墨斯神结合后生出了一位美丽的孩童，他与一位仙女融为一体，成为同时具有女性和男性性征的神灵。在塞浦路斯，举办赫马佛洛狄忒斯（又称阿佛洛狄忒斯）的祭祀时，男性和女性教徒们在月光下互换衣服。在塞浦路斯有一座供奉双性神的雕像，纪念着如阿佛洛狄忒斯这样的男女同体神。

古代有一位对阿佛洛狄忒极为微妙与崇敬的同性恋女作家。公元前7世纪，在小亚细亚海岸边的莱斯博斯岛进行创作的诗人萨福，耗费了许多时间——还有许多诗句——来纪念她与爱之女神的亲密关系。如今的莱斯博斯岛依旧令人陶醉，这里的光线似乎有些特别——如果你来到萨福的出生地密特里尼附近，你就会认出女诗人在她优美的抒情作品中书写的风吹橡叶和落英缤纷。

萨福的《阿佛洛狄忒颂诗》赞颂了微光中被苹果树、玫瑰和迎春花环绕的女神神殿。考古发现证实这并不是虚幻的诗意想象，而是公元前7至前6世纪的真实生活记录。萨福身为贵族，可能是阿佛洛狄忒的高等女祭司，门下的女孩出身良好，她的工作内容似乎是教导年轻女子如何更好地掌控

维纳斯
与
阿佛洛狄忒

有着乳房、持许愿鸽的阿佛洛狄忒男性祭司，石灰岩材质，来自公元前6世纪塞浦路斯格尔慕古城的圣殿。祭司的衣袍上饰有一幅莲花图案

生活中的乐趣和诱惑。非凡的波吕克塞娜石棺，在1994年出土于离莱斯博斯不远的格拉尼库斯河谷，即现在的安纳托利亚土耳其（伊达山山脚的格拉尼库斯泉，据说是帕里斯王子做出决断的地方，他在那里选择阿佛洛狄忒为最美丽的女神），这是萨福时代的显要遗迹。除了波吕克塞娜的血腥割喉外，石棺上还展示了女性在萨福时期酒会上热烈交流的画面。我们可以设想，萨福在类似的场景里与她珍视的、多愁善感的后辈们在一起，讲授阿佛洛狄忒的艺术、舒展肢体的欲望、银色的月亮，以及开始渴求别人时皮肉下潜行的火热：

> 亲爱的母亲，我难以创作
> ——纤美的阿佛洛狄忒——库普里亚的女神
> ——以其欲求，将我击破。[1]

萨福与阿佛洛狄忒的会话是私人的、表意的，这些对话在古代十分流行，有相当多的内容被抄写在了古埃及的莎草纸和沙漠上并得以留存至今。女神是萨福的知心密友。她们俩一起探索表达爱的最优方式，认同爱的实质——正如萨福最初在书面记录中呈现的——是"苦甜交织"的（尽管萨福会更诚实一些，说出爱是先苦后甜）。柏拉图尊崇萨福，将她誉为"第十位缪斯"。在莎草纸碎片上发现萨福新诗句的频

---

[1] Sappho, Fragment 102.

率——甚至是在用来将人类、鳄鱼和猫制成木乃伊的木乃伊包上发现的——证明了她传播的广度和深度。2014 年，在可能用来装订成书籍的褶皱的莎草纸上，发现了萨福的一首新诗《库普里斯之歌》的片段。这一绝妙的、哀切的作品描述了相爱与失去爱的眩晕感觉：

> 一个人要如何
> 才能不被反复伤害？
> 阿佛洛狄忒女王，那所爱之人
> 让我已不再想如何少些痛苦
> 你作何感想，
> 无来由地伤到我颤抖
> 从那因欲念而松散的双膝中 [1]

萨福对女神直抒胸臆，提醒着我们，正如阿佛洛狄忒提醒着我们，亲密、同理心与陪伴——还有欲望——是爱情的重要组成部分：

> ……你问
> 现状如何，我为何而呼唤
> 什么是我疯狂之心中

---

[1] Sappho, 'Kypris Song', Fragment, trans. Rayor.

最大的渴望……

请到我这来：
从热切的思念中解救我
我所有的心意就是到你身边，
到你身边。
与我一起吧。[1]

阿佛洛狄忒是世界上诸多可能性的神圣化身。她以蓬勃的生命力滋养了多元的性。她的各式外化似是早期的某种认同，即可以有多种方式去感受和相爱。但是许多人认为，女神对性的支配意味着她不仅有天堂般的，而且有恶魔般的力量。

---

[1] Sappho, 'Ode to Aphrodite', Fragment, trans. Carson.

六

迷狂的厄洛斯

她是死神,生命不腐,
她是迷狂的怒火 [1]

……爱是预警
每个季节都如此。
爱是一阵北风,
火花带闪电般,
由库普里亚送来。
它带来极具毁灭性的疯狂,
又黑暗,又放肆

---

[1] Sophocles, Fragment Tragicorum Graecorum Fragmenta 41.

我们的心脏一次又一次,
因爱的力量忧伤。[1]

---

[1] Ibykos, Fragment 6, sixth century BC, trans. Aharon Shabati.

那么，这种宏伟壮丽又无处不在的力量——快感、性、阿佛洛狄忒的一切——是从何时开始出了问题？

因为除了作为掌控所有欲望和冲动的强大力量外，我们的欲望女神还被指定了许多不那么讨喜的绰号。她是Philommedes，男性器官的情人（多亏了她不正统的出身）。但她也是Epistrophia，所谓的欺骗者；是Melanis，黑夜之女；是Kataskopia，监视者；是Psithyristes，告密者；是Helioklepharos，扭捏垂眸的家伙；是Tumborukhos，掘墓人；也是Androphonos，男性的杀手。而且，阿佛洛狄忒在古代世界最为盛行的是被称为Mechanitis，即发明者，是干涉和指导人类事务的产物。

可以说，这在很大程度上归功于荷马，或者至少是荷马时代的传统。这一切都始于"战争源头"的问题：谁应该为神话史中规模最大、最具毁灭性的战争——特洛伊战争——负责？这一跨时代的事件大名鼎鼎，正如赫西俄德所言，它"为了美貌的海伦……毁灭了……神一般的英雄种族"[1]。许多人认为，所有问题的源头不是海伦或帕里斯，也不是他们彼此的欲望，而是为人类带来争斗的女性力量——阿佛洛狄忒。

据古希腊黑绘陶罐所示，心怀鬼胎的阿佛洛狄忒将特洛伊的海伦抱在膝上，向她解释自己的命运——追逐爱情，并为无数世人带来无尽苦难。对特洛伊王子帕里斯的极端的爱情将带来极端的杀戮。作为阿佛洛狄忒意志的贯行者，斯巴达的海伦和特洛伊的帕里斯这两名青年已别无选择。当阿佛洛狄忒身着由番红花、紫罗兰和玫瑰花熏香的华服，准备好迎接来自伊达山的帕里斯的审判时，命运的进程便已注定。有时人们会将阿佛洛狄忒与命运和复仇女神涅墨西斯等同论之或混为一谈，这也并不稀奇。

女神头像，可能是阿佛洛狄忒或雅典娜，现藏于雅典卫城博物馆，公元前3—前1世纪，大理石复制品，古典时期原件由黄金和象牙雕制

[1] Hesiod, *Works and Days*, 11.156f.

在古代人的心目中，这的确是一段三角恋。特洛伊的海伦去往哪里，阿佛洛狄忒就跟到哪里。在花瓶的图像上，她迎接着帕里斯的光临，让海伦无法逃脱不可避免的通奸。她也出现在战场上和特洛伊王室的寝宫中。她令斯巴达王后勃然大怒。帕里斯也终因他的希腊姘妇经受火烧。古希腊人非常清楚，火虽然能为文明带来温暖和光亮，但是也会带来毁灭。在埃及古墓的墙壁上，人们必须经历烈火煎熬才能永垂不朽。考古发现表明，火灾是城镇和乡村生活最大的破坏者之一。阿佛洛狄忒正是如此炽热的女神。

罗马诗人奥维德在描述帕里斯如何"燃烧着爱的火焰"时，措辞谨慎：

> 曾有先知歌唱过，伊利昂（特洛伊的希腊名）将与帕里斯的火焰一同燃烧——那曾是我心中之火，如今已成为现实！……你将像伟大的女王那样穿过特洛伊城镇，那些普通民众将以为有一位新的女神降临；无论你将去何处，火焰都将吞噬……！[①]

早在公元 7 世纪，最后的教父圣依西多禄便在他的《词源》（一部"所有知识的百科全书"，关于世界的"总结"）中将特洛伊战争列为改变世界的 132 则关键事件之一。

---

① *Heroides*, 16.123 - 5, trans. Showerman.

很快，历史书写者们指出，阿佛洛狄忒-维纳斯并不是在单打独斗：她那多管闲事的儿子/配偶厄洛斯（和女神一样，人们认为他诞生于创世之初的黑夜中）是她最亲密的盟友。荷马是第一位详述厄洛斯邪恶力量的人："无法抗阻的渴望使我沉沦……我从未有过如此甜蜜的欲念。"帕里斯在回忆与海伦的初夜时如是说道。阿佛洛狄忒的儿子用他有毒的箭矢令人陷入疯狂。这些不仅是文学作品中的想象，还是根深蒂固的信念。哲学家苏格拉底将爱情的影响等同为被毒蜘蛛咬伤或被蝎子蜇伤。此外，虽然拉动爱情弓弦的丘比特通常是男性，但人们越来越认为爱情的衰落是阿佛洛狄忒的凡人女儿们——女性——的过错。阿佛洛狄忒不仅是家庭的破坏者，而且越来越多的人认为与女性发生性关系干扰了真正充实的生活，不利于与男性伙伴的关系，对战斗和建设帝国等有男子汉气概的行为有负面影响。

出土的材料证明了这种性别重塑。随着文明中贪婪占比的提高——贪婪地追求更多：更多的城市、更多的黄金、更多的土地——社会变得愈发依赖军事力量。没有可靠的军队，就无法入侵他人的领土。随着地缘政治的变化，社会中的女性角色——无论凡人还是神明——都越来越被边缘化。女性曾通过孕育下一代来维系社会稳定；现在，英勇的男性担起了社会中救世主的角色（"hero"一词的词根与"vir"相同，字面意思是男性拯救者），强壮的男性英雄进可攻退可守。女性不再是人类的救星，却开始因只能坐在家中生儿育女、播种草料、不再持矛征战而被怨恨。万神殿不复存在，取而代之的是一种尊卑秩序，天上只有一位具有强权的男性神明立于顶端，掌管一切。

因此，沿着阿佛洛狄忒在文学和艺术中发展的轨迹，你可以看到一个男性主导的社会对不断升级的厌女症有着多么强的吸引力。对女神的态度，在很大程度上反映了人们对有血有肉的女性的态度。这个令人遗憾的故事也可以从人们对女神身体发展的看法中得出。情色的魅力不断蔓延。

尽管在古诗中，女神的胸部"像银子般闪亮"，但这里纪念的并不是她的曲线，而是她的财富。黄金阿佛洛狄忒被如此想象："黄金填满了一切，她身穿无上的华服：在她头上，戴着精雕细琢的金冠，在她有耳洞的耳朵上，挂着金银装饰，在她柔软的脖颈上，点缀着金项链。"[1]

山铜（奥里哈鲁根）被视为一种神秘的稀有金属，柏拉图在描述传说中的亚特兰蒂斯时就提到过它。直到最近，人们还认为山铜可能是对白金的描述，但在西西里岛海岸附近的杰拉，人们在一艘沉船中发现了公元前5世纪的39块金属锭，这表明山铜实际上是一种有趣且稀少的合金，是铜与锌的混合物，其中还含有少量镍、铅和铁。这种金属非常适合这位特别的女神。据说，除了被装点上无与伦比的山铜外，阿佛洛狄忒还披有一件"比火光更加明亮"的外袍。她身着

[1] *Homeric Hymns* 5.87-88 and 6.1-18, trans. Evelyn-White.

"华美的服饰",戴着"弯弯的手镯"。我们想象中以裸体为典型形象的女神,实际上,在古代的大多时期,着装都是规规矩矩的。

但此后她开始褪去外服。

从公元前4世纪开始,阿佛洛狄忒的衣服就被一层层剥去。比如,各个时期以来最为著名的女神形象,就是所谓的《尼多斯的阿佛洛狄忒》。基本可以肯定,雅典雕塑家普拉克西特列斯雕刻了这件极具代表性的艺术品,它是史上第一件等身、全裸的女性石雕。虽然原作品(在君士坦丁堡短暂停留后)已经遗失,但《尼多斯的阿佛洛狄忒》已经激发了无数仿品的灵感。面对身前的观众,她总是微微侧身,头颈微垂,嘴角挂有一丝性感的微笑,她的手摆动着遮掩自己的性感部位,这位女神对自己可爱的女性身体感到扭捏——甚至可以说是感到羞耻。她掩盖了自己的性征,同时也引起了人们的注意。最初的雕塑是为了尼多斯海上定居点的阿佛洛狄忒神庙而定制的,神庙位于安纳托利亚海岸,与近期出土的波吕克塞娜石棺所在地相距不远。

尼多斯人喜欢他们裸体版的女神;另外,附近科斯岛上的人也照着普拉克西特列斯的作品定制了一个等身大小的阿佛洛狄忒,不过是穿了衣服的版本。尼多斯的大理石女神被油漆着色,精心打磨,远近闻名。尼多斯现位于土耳其西南部,是交通便利的双子港。许多朝圣者专程来此参观这件饱含争议的艺术品。曾有传言说,这尊雕塑之所以如此性感,是因

维纳斯
与
阿佛洛狄式

路德维西的尼多斯式阿佛洛狄式，公元2世纪。普拉克西特列斯原作（公元前350年）的大理石复制品，于17世纪修复，现藏于罗马国立博物馆

为普拉克西特列斯把他的交际花爱侣芙里尼当作原型，她是雅典远近闻名的美人。

一位不知姓名的作者（13世纪时拜占庭保存古代文本的汇编《普兰努德斯文集》附录159中收录了其作品）如此思量："谁为大理石注入了灵魂？谁看见了人间的库普里斯？谁在这块石头上创造了对爱的如此渴望？这定是出于普拉克西特列斯之手，否则奥林匹斯将不复存在，因为帕福斯的她会下凡到尼多斯。"

该文集的附录160曾被认为是柏拉图留下的内容，我们从中再一次听到：

帕福斯的女王踏浪而来
在尼多斯，想看看她的雕像，
在神殿中细细端详后，她泫然道：
"究竟在哪里，普拉克西特列斯看到了我的身体？"

无人否认这座雕像的魅力。关于这座尼多斯的宝藏，流传着一个可怕的故事。由于神庙自身入口的巧妙设计，女神石雕的正面和背面都可以被看见。据说曾有一名对女神非常着迷的年轻人，他在晚上偷偷溜进去与之云雨，永久玷污了这帕罗斯的大理石。

潮流渐起。阿佛洛狄忒-维纳斯发现自己很难穿上衣服，也很难得到敬重。人们关注阿佛洛狄忒-维纳斯的兴奋点，逐渐从她的能力转向她诱人的身体。

从公元前 2 世纪起,这种逼真的、尼多斯式的裸体阿佛洛狄忒版本——一种虚拟的幻想的女性——广受欢迎,复制品被无数次订购。在许多复制版本中,阿佛洛狄忒 - 维纳斯越来越为自己的裸露而感到羞耻,并用桃金娘(一种绿色植物,开刺鼻的白花,药性类似阿司匹林,有一点催情作用)遮住自己,这种花自古以来就和女神有所联系。

除了男性外,也有许多女性委托制造各种各样的尼多斯式阿佛洛狄忒:罗马皇帝哈德良的妻子萨拜娜、马可·奥勒留的妻子福斯蒂娜、塞普蒂米乌斯·塞维鲁的妻子尤利亚·多姆娜、卡拉卡拉的妻子普罗提娜等——都是极具影响力的权贵——想要将自身与女神的诱惑与权威联系到一起,以尼多斯式的裸体维纳斯形态铸造了钱币。

女神的另一种化身在古代很流行,也没有那么腼腆含蓄。"美臀的阿佛洛狄忒"——有着美丽臀部的阿佛洛狄忒——在古代世界似乎备受崇拜。我们曾听闻在西西里的叙拉古有对这位美人的追崇。这一故事——最早载于《欢宴的智者》(这是一本引人入胜的小册子,意为"晚宴上的哲学家",由居住在北非的希腊作家阿忒纳乌斯写于公元 2 世纪末)——发展如下:受到两姐妹竞争最佳臀部的影响,年轻的女孩们在选美比赛中争夺最佳美臀奖,本地的农民担当了比赛的裁判。尽管听起来有些像古代的淫秽故事,但这些美臀比赛确实有据可循。有趣的是,临床解剖学家大卫·班布里奇最近的研

"美臀的维纳斯"("有着美丽臀的维纳斯"),公元前1或前2世纪。马大理石复制品,以公元前300年的腊版本为原型,现存于那不勒斯国家古博物馆,发现于罗马尼禄皇帝金宫

究表明，某些女性体内较高的脂肪含量会增加女性及其子女的智力水平。也许希腊人参悟了某些奥秘。"美臀的阿佛洛狄忒"在身心层面都是极富吸引力的楷模典范。

然而，希腊人除了记住她的裸体，以及她代表的那些应与他们结合的女性外，还延续了一个糟糕的比喻：关于阿佛洛狄忒与性虐待的故事比比皆是。

背靠塞浦路斯的古帕福斯奶黄色遗址——在古代人的想象中——掩藏着一个腐朽的秘密。据说，这个圣地由特洛伊战争时代的一位英雄所建，他是阿佛洛狄忒的大祭司，国王喀倪剌斯。喀倪剌斯的女儿密耳拉因故触怒了女神。作为惩罚，阿佛洛狄忒施咒，使喀倪剌斯的女儿对自己的父亲产生了欲念。当这个无助的男人无力抵抗，将要杀死自己的孩子时，阿佛洛狄忒于心不忍，将她变成了一棵没药树（有些版本是桃金娘）。阿多尼斯于此树中诞生——这位半人半神的牧羊男孩将会伤透阿佛洛狄忒的心（这与巴比伦女神伊南娜和凡人牧羊男孩杜穆兹的故事高度相似）。一年一度的喀倪剌斯节便与此相关。这是一个交织了欢愉和痛苦、性与死亡的节日。

这都是些令人心乱的故事。但将这样的可怕之事作为焦点，很符合希腊人的风格。毫无疑问，这些古人并没有在"欲望会带来什么"这个问题上兜圈子。阿佛洛狄忒的意义远比一张漂亮脸蛋要深远得多：她是人类行为、伦理和文化困惑的传声筒。从更极端的程度讲，阿佛洛狄忒-维纳斯代表着对极端的激情、极端的欲望的借口。

庞贝古城内的涂鸦，内容是一位母亲警示儿子小心维纳斯这一"始作俑者"

有一种文化将女神的作用发挥到极致，令其成为勃勃野心和无尽欲望的驱动力量，是那些人将阿佛洛忒变为维纳斯的——那些无所不能的罗马人。

七

维纳斯与无限帝国

维纳斯被我们的国民如此命名,因她是"降临"(venire)万物的女神;她的名字不是由 venustas(美丽)而来,恰恰 venustas 一词因她而生。[1]

---

[1] Cicero, *De Natura Deorum*, 2.69 trans. Rackham.

阿佛洛狄忒，后世作为罗马世界中的维纳斯，在很大程度上揭示了欲望在人类故事中所占据的重要地位。维纳斯是罗马叙事的核心。这绝非巧合，实际上这至关重要。

关于罗马爱神的最知名的神话故事可以被概括如下：阿佛洛狄忒-维纳斯，一如往常，与一位迷人的、有些粗野的凡人，特洛伊的牧羊人安喀塞斯，度过了激情的一夜。阿佛洛狄忒-维纳斯在伊达山和帕福斯的圣殿中追求的正是安喀塞斯，她曾为他精心装扮，芳香四溢（与这位凡人的关联是奥林匹斯诸神对她的惩罚，因她与战神马尔斯，即希腊的阿瑞斯有染）。这种超越种族的结合，生出了特洛伊的英雄埃涅阿斯，他带领自己的人民逃离了特洛伊战争的浩劫，并为大家找寻新的家园。在迦太基的历险中，埃涅阿斯伤透了迦太基女王狄多的心，此后他来到了拉丁姆（同路的还有他的儿子尤利乌斯，尤利乌斯·恺撒的家族最终也继承了这个名字）。埃涅阿斯另一个成就斐然的后人罗穆卢斯后来创建了著名的罗马城。

在维吉尔恢宏的史诗《埃涅阿斯纪》第一卷中，通过与维纳斯的对话，我们得知埃涅阿斯的命运是为罗马人民建立一个"无限的帝国"。在公元前2世纪的六天六夜中，罗马人犯下了现在被认为是战争罪的罪行，在现代突尼斯迦太基城的废墟中阅读这段文字，我们仍能在残垣断壁中感受到罗马人波动的野心。当罗马最终击败迦太基并占领迦太基的领土时，罗马已开始控制地中海并成为超级大国。

拥有暴力出生的起源，并选择了战神阿瑞斯作为情人，维纳斯是最适合罗马的神祇。

丁托列托，《维纳斯、伏尔甘和马尔斯》，布面油画，描绘了伏尔甘发现即将发现维纳斯和马尔斯在偷情，现藏于慕尼黑老绘画陈列馆

早期的罗马原住民一直崇拜本土的生育之神维纳斯,土生土长的阿佛洛狄忒。(一个颇具说服力的证据是,维纳斯的梵语词根 vanas,意为欲望,源于原始印欧语系词根 wen,意为争取、希望、渴求和爱。)大约从公元前 295 年起,在罗马七丘最南端的阿文提诺山上,人们建了一座维纳斯·奥布塞昆斯(即"放纵的维纳斯")神庙。有趣的是,据历史学家李维记载,这座神庙的建造费用源于对女性性犯罪的税收。并且,一旦罗马开始和希腊女神阿佛洛狄忒(以及腓尼基女神阿施塔特)发生纠葛,随着他们侵占和控制希腊的程度加深,拉丁语中的维纳斯和希腊语中的阿佛洛狄忒也就巧妙而系统地结合到了一起。

维纳斯及其追随者雕像的头部和胸部,就像阿佛洛狄忒的雕像一样,装饰了令人陶醉、香气四溢的桃金娘花(有些罗马人会将女性器官昵称为"桃金娘")。在与迦太基人的布匿战争中,阿佛洛狄忒东方祖母的北非版本,阿施塔特,被罗马人视为布匿的维纳斯,并从西西里岛的埃里克斯山区被掳至罗马。在卡比托利欧山上,有一座为这位东方起源的维纳斯建成的神庙。无论是本土还是外来的女神,罗马都想拥有并控制她尚武的力量和战斗的冲动。对阿佛洛狄忒领地的殖民化是罗马早期在统治全球计划中有意识的行动。的确,维纳斯成为罗马计划中的得力盟友。

尽管她在希腊世界中的追随者主要是女性,但在罗马,维纳斯是男女皆可侍奉的女神。大家每年会庆祝关于她的四个主要节日：4月1日的维纳斯节，此时自然界万物生长，女神的雕像也进行了春季清扫；4月22日的葡萄酒节，人们饮酒作乐，妓女们将薄荷、桃金娘和玫瑰花环献与女神致敬；8月19日是花园节；此后，从公元前46年开始，9月26日是维纳斯母亲节，纪念作为罗马人民的母亲和祖先的维纳斯。对罗马人而言，维纳斯女神既高居庙堂之上，又身处街市之间。

罗马的勇士们认识到维纳斯的魅力，开始与这位神祇建立亲密的联系。好战的苏拉将军将自己称为"维纳斯的宠儿"（别忘了，庞贝古城就是苏拉重建的维纳斯庇护所）。苏拉还在罗马首都的马尔斯-维克多神庙旁修建了一座维纳斯·菲利克斯神庙。另一位将军庞培也引用了维纳斯的名字，为她建立了圣殿，并将维纳斯·维克托里斯（Venus Victrix）称为胜利女神（Venus Victorious）。

但真正接纳这位爱与战争女神的是尤利乌斯·恺撒。在公元前48年的法萨卢斯战役之前，恺撒和庞培各自向自己的维纳斯女神祈求单方面的支持。尤利乌斯·恺撒宣称自己有先祖的优势，将他的名字与阿佛洛狄忒生下埃涅阿斯的神话联系在一起，埃涅阿斯后来有一个儿子名为尤利乌斯，并开创了尤利乌斯王朝。在为他的姑母尤利亚举行的葬礼演讲中，恺撒公开提醒罗马，他们的家族具有神圣的血统——他宣称，他们源自最早的尤利乌斯家族。公元前46年9月26日，恺撒吞并了庞培的余党，那一年起他执掌大权，在罗马市中心建造了一座巨大的维纳斯母亲神庙，并在其中竖立了一座以其情人、埃及女王克利奥帕特拉七世为原型的女神雕像。如今，这座神庙断裂的石柱仍矗立在罗马广场。大约在同一时间，尤利乌斯·恺撒开始佩戴一枚饰有身披战袍的维纳斯女神图像的戒指。他发行了一种钱币，一面是维纳斯女神，另一面是埃涅阿斯带着他的父亲安喀塞斯。公元前49年，马库斯·凯利乌斯·鲁福斯在给罗马演说家西塞罗的信中，相当嘲讽地将恺撒描述为"维纳斯的后代"。而卡西乌斯·迪奥则在作品中兴奋地描述，恺撒将他皮肤的光滑细腻归功于那位神圣而美丽的祖先。

但是恺撒为维纳斯帝国的未来奠了基。阿佛洛狄忒－维纳斯的战争之神身份被忆起，对她的崇拜便成为规定和需要。随后，罗马统治者和皇帝们纷纷前往阿佛洛狄忒的主要圣地帕莱奥帕福斯，为至关重要的战役寻求庇佑。维纳斯及其情人马尔斯的神庙在帝国各地涌现。在罗马时期的艺术中，这位女神更加频繁地赤身裸体、持备武器。

随着罗马帝国的扩张，阿佛洛狄忒－维纳斯的势力范围也随之扩大。在现代土耳其的阿弗洛迪西亚——这座供奉着女神的迷人古城坐落于四周环绕着群山和白杨树的高原之上——新的出土发现不断揭示着阿佛洛狄忒－维纳斯作为帝国盟友的力量。自公元前3世纪起，这里就开始供奉阿佛洛狄忒－维纳斯，可能源于她与安纳托利亚本土的自然女神（一条蜿蜒的河流使这片土地富饶非凡）的融合，阿佛洛狄忒－维纳斯拥有她自己的大型神庙建筑群、一座华贵的雕像、被整个城邦供奉的特权,并与神圣奥古斯都受到同等的尊敬。

在阿弗洛迪西亚,这位女神的身影遍布各处。该地以本土采石场出产的大理石雕塑闻名。各种样式的女神石像无处不在:她怀中抱着幼小的爱神厄洛斯,她伫立于此,衣着优雅、身姿高大,外袍上布满了繁复的叙事图案——上面有错综复杂的生命之树,还有一位充满活力的神祇骑着一只山羊和海龙杂交的奇异生物。有时候,阿弗洛迪西亚的拟人形象由一个人类代表安德瑞娅加冕。这个美丽而令人难忘的地方——从希腊化时期开始就是一个熙熙攘攘的定居点——具有深远的影响力。公元1世纪,一个名叫查里顿的男子深受周围环境启发,开创了小说这种文学形式。阿弗洛迪西亚的查里顿宣称阿佛洛狄忒是他的主神——这开启了两千年来以爱情为主题、以强大的女性角色为中心的叙事传统。如今,人们仍在莎草纸碎片中辨别查里顿的作品——在一部历史浪漫小说中,化名卡利罗的阿佛洛狄忒是查里顿笔下的主角。更古老的阿佛洛狄忒-维纳斯,作为掌管生育和自然的女神,如今依然存在于当地人在收获时节饮用并与旅人和陌生人分享的楹梓、苹果和桃金娘利口酒中。

于是,在罗马帝国横跨三大洲之时,罗马人成功地将阿佛洛狄忒融入了自己的文化。据卡西乌斯·迪奥记载,卡利古拉甚至装扮成这位女神。他最爱的妹妹德鲁西拉被宣称为"新阿佛洛狄忒"。无论是以胁迫还是诱惑的方式,阿佛洛狄忒-维纳斯都是罗马帝国政治项目的关键一环,被塑造为罗

内斯

佛洛狄忒

持剑的维纳斯（阿佛洛狄忒）。这是一座公元 2 世纪的雕像，于 16 世纪修复。维纳斯身旁玩耍大头盔的是她的儿子丘比特。这座雕像曾被蒂里奥·切乌利收藏，现藏于巴黎卢浮宫

马世界观的一种表达。

在她新的供养者（西方）和她的诞生地（东方）之间，关于女神的博弈仍将持续——其结果耐人寻味，在我们当下的生活中依然有迹可寻。

表现安喀塞斯和阿佛洛狄忒的罗马浮雕，公元1世纪。安喀塞斯凝视他的情人阿佛洛狄忒，她的腿上抱着一个小爱神厄洛斯。浮雕来自供奉阿佛洛狄忒的塞伯斯汀神殿址奥古斯都神庙，现藏于土耳其阿弗洛迪西亚的阿弗洛迪西亚博物馆

八
东方女王

文法学家赫斯提亚说,阿佛洛狄忒神庙所在的平原被称为金色平原,这就是金色阿佛洛狄忒神庙得名之原因。①

---

① 赫斯提亚(Hestiaea)是亚历山大时期的一位女性学者和研究者,仅有四部作品残存于世。关于她的内容在公元前5世纪到公元7世纪之间的《伊利亚特》的注释集、D-Scholia 中被提及,并被中世纪学者引用。

在北非和中东,尤其是埃及,对爱神的热爱从未被遗忘。

从托勒密时期开始,阿佛洛狄忒-维纳斯就是埃及地中海沿岸亚历山大里亚广受欢迎的神祇。如今,漫步在亚历山大里亚的海滨大道上,无论是置身于冬季的雷鸣闪电下,还是沐浴在夏季的烈日炎炎中,都很容易想象出阿佛洛狄忒-维纳斯作为这座多元交汇、雄心勃勃的国际化大都市的守护神是多么受人爱戴。

古埃及人曾在这里崇拜伊西斯女神,而亚历山大大帝及其继任者在重建这座城市时,经常改造她的祭祀场所,令这位埃及女神看起来越来越像希腊的阿佛洛狄忒。在亚历山大里亚内陆附近的瑙克拉提斯镇(阿忒纳乌斯的故乡,是我们了解阿佛洛狄忒生平故事的主要来源之一)进行的发掘工作,展现了信徒们对阿佛洛狄忒的崇拜是多么虔诚。地中海地区最富有的贸易家族之一,来自埃伊纳岛的索斯特拉托斯,向女神奉献了一只在东地中海基克拉泽斯群岛的希俄斯岛上制作的精美碗具。某位稍贫穷些的朝圣者则献上了一把典型的埃及祭勺。我们之所以能深刻了解人们对阿佛洛狄忒的狂热崇拜，多亏了北非海岸的一位名叫赫洛斯特拉托斯的商人。他从亚历山大里亚启程，在往返塞浦路斯帕福斯的旅途中，得到了一尊阿佛洛狄忒的小雕像，并在女神的帮助下挺过了一场危及生命的暴风雨。之后，他将这尊雕像带回，献给了阿佛洛狄忒，并"邀请他的亲戚和密友到她的神庙里赴宴"。宴会上宰杀了绵羊、山羊和猪，他们还大量饮酒。据记载，在庆祝托勒密王朝王位继承的托勒密节上，人们为了向阿佛洛狄忒表示敬意，在街上游行时，展示了一个 120 英尺宽、镶满宝石的桃金娘花环（代表女神和女性生殖器），以及一根 80 英尺长、饰有星星的金制阳具。

最近在卡诺普斯附近水域发现了一尊女神雕像。官方宣称这是托勒密王后阿西诺伊二世的雕像，但她却呈现出爱神的形象。这一水下发现非同寻常。近距离观察，你会发现石头已被打磨出缎面的质感。雕像由黑色花岗闪长岩制成，雕刻的衣裙看起来就像浸湿了一样——诱人地紧贴在神圣王后可爱而紧致的身体上。雕像的胴体在湿透的罩衫上若隐若现。对于这位守护水手们安全归港，也保护着他们到港后遇到的那些娼妓的女神来说，这尊阿佛洛狄忒雕像恰如其分地幻化成她应有的模样。

我们在亚历山大里亚家境优渥的年轻女孩们的嫁妆中发现了阿佛洛狄忒-维纳斯的小雕像。埃及南部及北部至少有

21座城市以她的名字命名。克利奥帕特拉七世，阿西诺伊的后代——在她的家乡也被叫作亚历山大里亚——积极发展自己与这位代表着性和权力的女神之间的联系。这位埃及女王将自己视为希腊-罗马女神与埃及伊西斯的结合体，自诩为在世维纳斯，足蹬金履，身喷浓香，一头赤金色的鬈发垂至颈间。（这种时尚风靡一时，令许多罗马女性纷纷效仿——她们残忍地剪下被俘的日耳曼奴隶的头发来做假发。）现藏于柏林的一份引人深思的莎草纸甚至表明，在埃及某些地区，克利奥帕特拉被当作阿佛洛狄忒-维纳斯本人来崇拜。

当克利奥帕特拉带着儿子恺撒里昂去见他的父亲恺撒时，她曾参观过罗马新建成的维纳斯母亲神庙，庙中以雕塑的形式将这位埃及女王塑造成了神明的形象。而当她与下一任罗马情人马克·安东尼在一起时，据说她打扮成女神的模样，在位于现土耳其境内的塔尔苏斯与这位耽于享乐、热爱派对的将军相会——她是阿佛洛狄忒-维纳斯，而他是狄俄尼索斯-巴克斯。当她乘着船沿基德诺斯河而上时，想必造成了极大的轰动：

> 她乘坐的是一艘金色船头的驳船，张着紫色的帆，银色的桨随着长笛与竖琴的乐声划动着。克利奥帕特拉躺在镶金的华盖下，装扮得如同画中的阿佛洛狄忒，两侧站着一些少年，如同丘比特一般为她摇着扇子。她最美丽的侍女们，穿着涅瑞伊得斯女神与美惠女神的服饰，

站在船舷旁。各种香料的芬芳从焚香中飘散开来，弥漫在河岸上。一些民众从河口两侧为她护航，另一些则从城中赶来观看这一盛况。市场上的人群纷纷涌出，至于坐在审判席上的安东尼，则剩下孤零零的一人。①

这既是一种政治宣言，也是一种对阿佛洛狄忒－维纳斯庇护的诱惑与肉体之爱中的感性与愉悦的致敬。克利奥帕特拉拒绝下船与马克·安东尼会面是一种策略；安东尼必须来见她。他无法拒绝，于是古代历史上最著名的爱情故事就此展开。

事实上，激情过后，马克·安东尼就将塞浦路斯岛作为爱情的象征赠予了克利奥帕特拉，因为该岛与女神有着密切的联系。在塞浦路斯，我们可以看到克利奥帕特拉可能曾漫步其上的罗马时期马赛克画，其中许多都描绘了阿佛洛狄忒－维纳斯的形象：沐浴的阿佛洛狄忒、全副武装的阿佛洛狄忒、勒达与天鹅的故事——斯巴达王后勒达那段注定悲剧的爱情孕育了海伦，并因欲望与情爱的力量引发了改变世界的特洛伊战争。罗马时期的尼亚帕福斯（或称新帕福斯）作为一个以阿佛洛狄忒－维纳斯为主题的目的地，发展出了繁荣的旅游贸易。那些希望参观附近帕莱奥帕福斯圣地并向这位已有数千年历史的女神致敬的人，都可以在那里找到舒适的住处。

---

① Plutarch, *Antony*, 26, ed. Rowlandson.

因此，阿佛洛狄忒仍然是权力的象征，是物理与超自然力量的标志。托勒密王朝在尼罗河上的驳船上也建有阿佛洛狄忒的穹顶神殿和雕像，这是有充分理由的。但我们随之看到了一种微妙的变化。克利奥帕特拉和她的情人马克·安东尼去世后，年轻的屋大维（即后来的奥古斯都皇帝）接管了罗马的领土，也接管了其道德基调。

在钱币和雕像中，奥古斯都越来越将自己塑造为一个既慷慨又高尚的人。在奥古斯都整个统治时期，维纳斯的形象都是罗马富裕家庭流行的装饰品——这种帝国品牌向罗马日益壮大的公民群体传递着他们正生活在一个充满欢乐的"黄金时代"的讯息。尽管奥古斯都维持了对维纳斯的崇拜，但她的裸体形象却越来越多地出现在私人场所，装饰着那些餐厅、浴室和澡堂。我曾有幸拥有一件实例，那是一块精致的壁画碎片，色彩淡雅，充满了动感与希望。阿佛洛狄忒－维纳斯开始代表一种本应秘而不宣的事物——享乐主义的 tryphé（奢华的美好生活）。

在约旦的佩特拉，阿施塔特女神曾出没之地，最近发现了一尊精美而感性的维纳斯雕像。在这座由纳巴泰人建造、后被罗马人占领的城市中，女神的白色石灰石雕像在粗糙的红砂岩背景中熠熠生辉。贝都因男孩或骑着骆驼缓缓而过，或骑着马和驴子疾驰而过。这尊阿佛洛狄忒－维纳斯雕像发现于佩特拉北部的山脊上，颇具神秘色彩。她赤裸着身体，头发高高堆起，发型精致；为何这尊裸体女神会被发现在一户相对朴素的住宅楼梯旁呢？在当时的罗马行省，即今称的阿拉伯地区，她与狄俄尼索斯－巴克斯一同受到人们的持续崇拜，这位迷人的女神再次出现在家庭环境中，或许反映了庞贝古城人们家中摆放微型维纳斯雕像的习俗——罗马人以此证明他们欣赏先前"古希腊"人的艺术与文化。

最近在约旦北部与叙利亚接壤的杰拉什遗址，又发现了一尊阿佛洛狄忒－维纳斯雕像，而且未来还将有更多发现。其中一件从非法古董交易中救回的文物，是激进宗教组织的士兵掠夺而来的一尊悲怆的阿佛洛狄忒－维纳斯头像：这位曾代表战争的女神，因战争的盲目激情被斩首，随后又被明目张胆地贩卖以换取金钱。被盗走的维纳斯和阿佛洛狄忒文物源自叙利亚、利比亚和也门，这一事实反映了女神的影响范围。

尽管在罗马的某些阶层中，维纳斯可能已变得有些像当红模特，但她那强烈而原始的力量并未完全消减。当罗马作家塔西佗在公元1世纪初报道皇帝提图斯访问帕莱奥帕福斯的阿佛洛狄忒神殿时，他震惊地目睹了一个巨大的石锥，它本是黄昏般的灰色，却被涂成了白色，代表着女神，这块石头还被涂上了橄榄油。19世纪，在该遗址附近发现了一块火成岩巨石，很快就被宣称是"阿佛洛狄忒之石"——至今仍有游客怀着好奇之心前来参观。一枚大约铸于塔西佗记述时期的钱币上，也展示了女神以巨石的形象出现。圣地中有记录显示，石头被用鲜花装饰并受到供奉——这是生育崇拜的原始遗迹。在塞浦路斯的其他地方，这些巨石（可能确实代表着史前女神）在与她相关的青铜时代圣地中也能找到。正如塔西佗带着近乎厌恶的好奇所说的，"女神以这种形式出现的起源是模糊的"[1]。对阿佛洛狄忒的崇拜长久以来都伴随着某种邪恶，而不只是一点点的威胁。

皇帝哈德良在耶路撒冷的各各他为维纳斯修建神庙是有充分理由的，这与他在公元135年为维纳斯和永恒罗马在罗马的维利安山修建的神庙相呼应。哈德良特意利用维纳斯的黑暗魔法来压制犹太叛徒耶稣被埋葬的洞穴所产生的共鸣。

因此，尽管奥古斯都竭尽全力，但在她东方的故乡以及中欧和南欧，阿佛洛狄忒-维纳斯似乎仍在自信地统治着。然而，前方却出现了麻烦，原因是一个宣扬和平、厌恶欲望的少年神祇。

---

[1] Tacitus, *Histories*, 2.3.

九

中世纪的维纳斯

　　我要歌颂那庄严的阿佛洛狄忒,金冠璀璨,美丽无双,她的领地是坚固的城墙之内。[1]

　　附近的库普里斯散发着美丽的光芒,照耀在明亮的青铜上。她袒露着双乳,将长袍拢在圆润的大腿上,金色的面纱束着她的秀发……我又看到了另一位出身高贵的金色阿佛洛狄忒,赤身裸体,光芒四射……她的腰带松松地挂在身前,而她的美丽就蕴含在那腰带之中。[2]

---

[1] *Homeric Hymn* 6.1‒3, trans. Evelyn-White.
[2] 埃及的克里斯托多罗斯描述基督教城市君士坦丁堡的宙斯克西波斯浴场中阿佛洛狄忒的雕塑,*The Greek Anthology* 2. 78‒80, 99‒101, 288‒290, trans. Paton.

异教徒们，男人和女人们，举着库普里斯的雕像、火把和香炉，从神圣的教堂旁经过，沉浸在异教狂欢和舞蹈之中……圣徒听闻此事，便带领神职人员走出教堂，打碎偶像，令他们羞愧难当……[1]

[1] *The Life of St Tychon*, by Saint John the Almsgiver, 60.3, trans. Usener.

维纳斯

与

阿佛洛狄忒

    约旦的马达巴山城以其马赛克而闻名。从古至今，游客们纷纷涌向那里，惊叹于据称是世界上最古老的石头地图——马达巴地图。这张地图可追溯至公元 542 年，方向并非朝北而是朝东，描绘了基督教世界的热点，并以拜占庭的耶路撒冷为中心。

    但在这座充满活力且恪守传统的小镇上，还有另一幅同样引人注目的马赛克，它隐藏在一座基督教教堂之下。要找到这件瑰宝，你需要穿过狭窄的侧街。约旦守卫们对于这种不寻常的关注感到惊讶。而在一个庭院的后方，猫咪们正慵懒地晒着太阳，那里铺展着一幅令人着迷的爱之女神画像。画面上，丰满而活泼的阿佛洛狄忒与她的凡间情人阿多尼斯坐在一起。一个翻倒的蜂箱提醒着观者爱情的甜蜜与刺痛。几个世纪以来，这种奔放而略属边缘的欢乐一直被隐藏起来。因为随着基督教革命的兴起，人们一次又一次地认识到阿佛洛狄忒－维纳斯的吸引力，于是他们搬进了她的尘世居所，在她的神殿遗址上建造起新的礼拜堂。

现在，你可能会认为，随着新兴宗教的兴起，这位欲望、冲突和性爱之女神的处境会极其糟糕。阿佛洛狄忒－维纳斯确实成了众矢之的。基督教早期教父之一亚历山大的克莱门特对阿佛洛狄忒的崇拜表示厌恶，特别是对她的神娼制度。在雅典，她的一座著名雕塑被亵渎，额头被刻上了一个粗糙的十字。她那由匠人精心雕刻的乳头被许多人抚出痕迹。一尊来自埃及孟菲斯的女神雕像被捆在骆驼背上，沿着漫长的沙漠道路被运到亚历山大里亚北部的海岸，然后在那里公开受辱。

在黎巴嫩的贝卡谷地，巴勒贝克城内有一座阿佛洛狄忒可爱的小洞穴形神庙——一座曲线优美的建筑，也被称为尼姆菲翁。这座神庙最初由非洲皇帝塞普蒂米乌斯·塞维鲁建造，后来被君士坦丁大帝关闭。如今神庙只剩下后部，就像婚礼蛋糕在最后崩塌的样子。教会编年史家凯撒里亚的优西比乌惊骇地报道说，这里存在着神娼行为："男男女女竞相崇拜他们那不知羞耻的女神；丈夫和父亲们让自己的妻子和女儿公开卖淫去取悦阿施塔特！"[1] 但阿佛洛狄忒的栖息地太过迷人，以至于无法被弃之不用；它后来被改造成了一座教堂，并最终被献给了当地圣徒巴巴拉。如今，它成了一片被围栏围起来的废墟，当地的小贩们向偶尔路过的游客出售明信片

[1] Eusebius, *Life of Constantine*, 3.55.

或其他更带劲的东西。

在整个信仰新兴基督教的罗马帝国，阿佛洛狄忒的神庙都被改造成了小教堂。在那座富饶的城市阿弗洛迪西亚，宏伟的阿佛洛狄忒神庙被由内而外、从前到后彻底改造，变成了壮观的圣米迦勒大教堂。耶路撒冷的主教是帝国范围内重建计划中的盟友。为了找到耶稣受难的确切地点，人们拆毁了"那个被称为阿佛洛狄忒的不洁恶魔、黑暗而无生命的偶像的神殿"。在科林斯，那座曾经挤满了神娼的神庙变成了圣灵的圣地。阿佛洛狄忒的神庙经常建在泉水附近，现在这些地点被认为能以新的方式给予安慰和维持生命，并披上了一层新的精神光环。

但尽管官方令她们蒙羞，阿佛洛狄忒的雕像仍然可以在基督教的中心地带被找到——特别是在君士坦丁堡，这里是由君士坦丁大帝建立的总部，后来被称为新罗马。拜占庭皇帝的伟大宦官劳索斯，作为皇帝的大臣，搜寻了那尊美丽的尼多斯的阿佛洛狄忒雕像以供展示。但遗憾的是，她的展示是短暂的：公元475年，当劳索斯的宫殿和图书馆被烧毁时，这尊雕像与其他许多世界级文物一同被毁。直到第四次十字军东征期间，1204年，当十字军骑士洗劫这座城市时，一尊青铜阿佛洛狄忒雕像还骄傲地矗立在政治中心参议院的外面。她的形象仍然装饰着首都著名的浴场，以及整个帝国的浴场。女人们——甚至是拜占庭皇帝的女性亲属——也会在朱格马山上的浴场前游行，以测试自己是否忠贞（一位特别显赫的贵族，皇帝查士丁二世的妻妹，被发现不贞；随后雕像被毁）。因此，一些阿佛洛狄忒－维纳斯雕像幸存于基督教的精神革命之中，许多雕像仍被认为拥有并散发着一种恶魔般的力量；但由信仰驱使的破坏更为常见。

从公元5世纪开始，阿佛洛狄忒的雕像就被人们带着虔诚的狂热砸碎、烧毁和放倒。根据执事马克的记录，加沙的波菲利与一群基督徒共同摧毁了一座祭坛上的维纳斯雕像。马克评论说，阿佛洛狄忒的毁灭之暴力可以用这样一个事实来解释：当地妇女向这位维纳斯婚姻偶像祈求建议，然后与她们的心上人结婚，但后来却常常因苦涩的离婚而失望。

阿佛洛狄忒的名声也在5世纪晚期和6世纪早期的文学作品中受到玷污。科鲁图斯在他的作品《强夺海伦》中公然对那位为了帕里斯的评判而前往伊达山的芳香女神进行了性化描述。他告诉我们，女神"掀起她垂荡在胸前的长袍，裸露着乳房，毫无羞耻之心。她用手提起那条充满爱意的腰带，露出了她的胸脯……"[1]。

科鲁图斯的家乡利科波利斯位于尼罗河畔，至今仍充满宗教氛围。事实上，科普特东正教会已经证实，圣母玛利亚曾在公元2000年出现在那里。

但一位拥有四千年历史的女神并非一夜之间就能被推翻。阿佛洛狄忒并没有被摧毁，她只是再次变形了。在基督教的

---

[1] Colluthus, *Rape of Helen*, 115–8, trans. Mair.

一神论氛围中，阿施塔特－阿佛洛狄忒－维纳斯在四千年前的坚忍表明，人类渴望一位强大、富有同情心的女性形象作为与超自然世界沟通的媒介。因此，出乎意料的是，在基督教的一神论氛围中，阿佛洛狄忒幸存于基督教革命之中——而且是以圣母玛利亚的形象出现的。

如果你前往塞浦路斯中部的特罗多斯山脉，穿过枝繁叶茂的悬铃木，你将有机会在圣母潘纳吉亚·特罗迪提萨修道院见到一位教士。他会自豪地展示他收到的许多感谢信，这些信是满怀感激的女性寄来的。神父埃夫西米奥斯的秘密是什么？在祭坛浮雕后面，有一条据说被圣母玛利亚祝福过的银腰带，一些人认为它拥有赋予生命的力量。这位上帝的独身男子——温柔、和善，还递上了自制的腌核桃——非常清楚，这并不是什么魔法腰带。但他也明确表示，它——或者它所鼓励的祈祷的力量——是有效的。这座修道院可追溯至9世纪，也被称为潘纳吉亚·阿佛洛狄提萨修道院；整座山曾经都是献给阿佛洛狄忒·阿克拉亚（"高山上的阿佛洛狄忒"）的神圣之地。这里的遗物与神话中阿佛洛狄忒的腰带非常相似，那条腰带中蕴含着她所有的力量，即爱的力量——这确实是一条魔法腰带。

据中世纪作者的回忆，圣母玛利亚的腰带是在升天时掉落的，以向多疑的多马证明升天确实发生了。而阿佛洛狄忒的另一个宠儿——鸽子——则成了圣母玛利亚的伴侣，只不过这次是在报喜之时。在阿索斯山、叙利亚和塞浦路斯的壁画中,圣母玛利亚还以"天堂之奶"喂养耶稣。阿佛洛狄忒作为孩子的养育者或保护者——一位库罗特罗弗斯——与圣母玛利亚之间的等式是显而易见的。

另一座基督教教堂,即献给全圣玛利亚的潘纳吉亚·卡托利基教堂,于12世纪建于帕莱奥帕福斯阿佛洛狄忒神殿遗迹中央。如今,患有健康问题的老妇或面临生育难题的年轻女子仍会前来此处,在那座用于建造东正教教堂的异教石材上献上小小的祭品:一杯牛奶、石榴或小块蛋糕。她们的献祭品与三千多年前前来此地崇拜女神的信徒们的献祭品惊人相似。

在很多方面,特别是在东方,拿撒勒的玛利亚就是那位古老的、青春永驻的母亲女神——她容颜未改,只是换上了新装外出游玩:中世纪的基督教世界的人们不愿冒险失去与这位崇高女性生物的联系,她的凝聚力和联合力正变得越来越重要。

阿佛洛狄忒-维纳斯那史前的东方先祖们,随着城市成为文明本身的标志性特征而崭露头角。自古典时期以来,阿佛洛狄忒就被尊为和谐与和睦、协调与团结的女神,受到人们的崇拜。并且在整个古代乃至后世,她都被广泛且一致地视为城市文化的保护神。别忘了,这位女神可是鼓励男女共同生活的。

阿佛洛狄忒与雅典娜一同被视为雅典这座西方文明"蓝图"之城的伟大保护神。在雅典的集会广场上,人们在她那

15 世纪的一幅手稿插图，描绘的是天上的维纳斯·乌拉尼亚

色彩鲜艳的祭坛前献祭了大量的山羊,从发现的骨骼遗骸数量便可见一斑。作为全民的阿佛洛狄忒·潘德摩斯,她与说服之神佩托并列为双神(在一个直接民主的社会里,需要大量的说服工作才能让那些公民民主人士和睦相处,共同参政),并且人们相信她就栖息在帕特农神庙入口下方的神殿里。在这里,人们会将鸽子的舌头撕下,作为对女神的一种(相对)虔诚的献祭。沿着通往达夫尼的埃琉西斯的圣道——如今其田园般的宁静已被一条六车道的高速公路所打破——女神再次因鸽子的献祭而受到崇拜;如今玛利亚安眠之处的神殿就矗立在阿佛洛狄忒曾经主宰的地方。保萨尼亚斯告诉我们,在雅典,伊利索斯河凉爽的河畔有一个阿佛洛狄忒·恩·凯波伊斯的花园圣地,还有一个献给乌拉尼亚(天上的阿佛洛狄忒)的圣地。

雅典卫城的北坡本身就是这位女神的圣地。保萨尼亚斯告诉我们,年轻的女孩会沿着岩石中一条青铜时代的楼梯蜿蜒而上,篮子里装着"难以言喻的东西"[1],以表达对女神的敬意。那条楼梯至今仍然存在,但由于其危险性以及上面覆盖着蝙蝠的粪便和阿佛洛狄忒圣鸟的排泄物,因此不允许或不建议进行探查。如今,在卫城红色花岗岩岩面周围的狭窄小道上,那些拥有幸运或不幸爱情的人仍然会留下石榴——阿佛洛狄忒的果实——作为对她的灵魂的献祭。无论过去还是

---

[1] Pausanias, *Description of Greece* 1.27.3.

现在，女神都享有着这座城市最美的风景。据说，拥有海事联系的保护神阿佛洛狄忒甚至曾化身为鸽子，引领雅典将军地米斯托克利的旗舰在公元前480年的萨拉米斯战役中战胜波斯人。

《佩廷格地图》最初由奥古斯都下令绘制以描绘罗马帝国，随后被多次复制和流传，在这张非凡的地图上，阿佛洛狄忒正是守护着伟大的君士坦丁堡（即现代的伊斯坦布尔）的神祇。

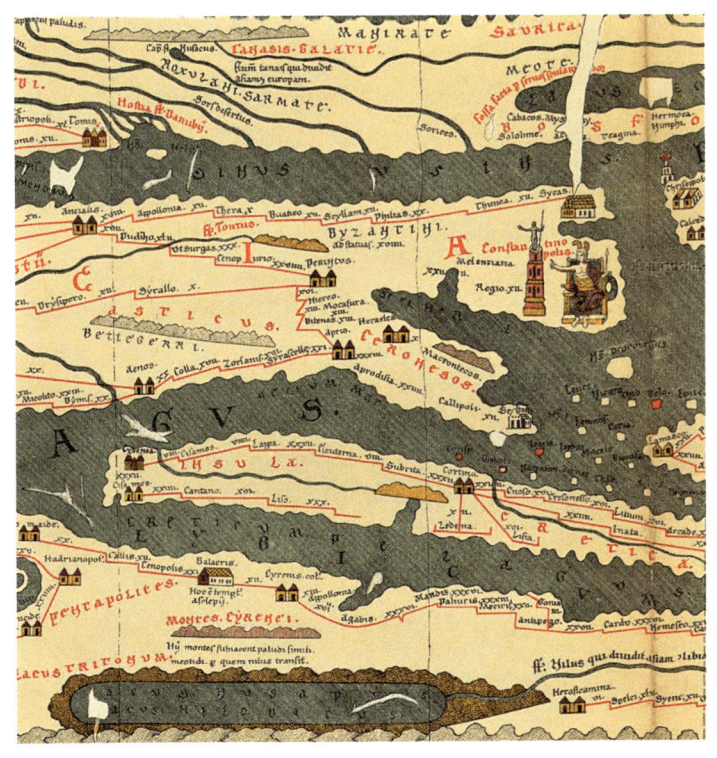

阿佛洛狄忒作为君士坦丁堡的守护神出现在《佩廷格地图》上，该地图是13世纪根据罗马原版绘制的副本，原版由奥古斯都皇帝于公元前1世纪下令绘制，并于公元4世纪进行修订

近期，在该城——新的公路和铁路隧道正在博斯普鲁斯海峡下方开凿——的挖掘中，发现了一个圣地，其中埋葬的女性身旁伴有穿孔的牡蛎或扇贝壳，这是自史前以来阿佛洛狄忒崇拜的象征。这位女神被赋予了守护地球上最伟大、最具影响力的都市之一的重任，这座城市是东西、南北之间的桥梁，被亲切地称为"众城之后"和"世界的渴望"。

在古代和中世纪，阿佛洛狄忒－维纳斯以各种方式持续存在着，既作为一种理念——和谐的概念，在高层的政治和文化中占据一席之地——也出现在普通男女的梳妆台上。从公元4世纪至14世纪保存下来的大量象牙、银和金装饰品告诉我们，阿佛洛狄忒沐浴、滑落凉鞋或梳理头发的形象极为流行。她不仅仅是一个性感海报上的形象，化妆品盒和结婚礼物上的装饰别针上都有她的影子。

因此，创造、交配和发动战争的驱动力——所有这些冲动都融入了阿佛洛狄忒－维纳斯及其先祖的形象中——帮助青铜时代的文明启动。随着时间的推移，她保护和统一的精神被认为维持了史前、古代和中世纪城市（及其市民）的凝聚力。四千年后，这位女神的形象以笔墨、石刻、银器、象牙、羊皮纸、诗歌、散文甚至祈祷的形式，静静地见证了不仅是双手和心灵，还有中世纪思想的创造。因为阿佛洛狄忒－维纳斯即将成为一个隐喻，不再代表野心和淫欲，而是代表纯粹的哲学。

十

人文主义的缪斯

> 我们读到,确实存在两位维纳斯,
> 一位是合法的,另一位则是淫欲之神。
> 合法的维纳斯是世界和谐之象征……
> 然而,那位无耻的维纳斯,
> 即淫欲之神,代表着肉体的欲望,
> 她是所有淫行的根源。[1]

---

[1] Bernardus Silvestris, *Commentary on the First Six Books of the Aeneid of Virgil*, 'On Book 1', trans. Maresca and Schreiber.

维纳斯

寻

阿佛洛狄忒式

　　有些人想要忘却物质、肉体以及所有热烈的性爱，转而去探寻女神身上那份纯净、高洁与精神上的美丽。阿佛洛狄忒因此成为文艺复兴哲学中一位出人意料的盟友。

　　1453 年，君士坦丁堡沦陷于奥斯曼帝国之手后，包括那些载有荷马颂扬阿佛洛狄忒的庄严诗篇在内的希腊手稿被带到了意大利。受此激励，越来越多的人不仅想要拥有古典艺术作品，更渴望理解并推动其发展。古典艺术咨询行业开始蓬勃发展。例如，波提切利的赞助者美第奇家族就聘请了哲学家、诗人、翻译家波利齐亚诺以及家族教师和哲学专家马尔西利奥·费奇诺。一些人以严谨的学术态度对待这项任务（例如，乔治·皮克托尔在其 1532 年的《神话神学》中引人入胜地记录了拉丁作家马克罗比乌斯的主张，即塞浦路斯岛上存在着一位长有胡须和阴茎的维纳斯，男女会乔装打扮向这位双性神祇献祭），而另一些人则采取了更为抽象的方法。费奇诺的新柏拉图主义方法是鼓励他的客户在简单的物质事物中看到复杂的信息和意义。例如,观赏一幅画作会激发出一系列想法,每一个视觉细节都是通往更高精神层面的阶梯。

波提切利的《维纳斯与马尔斯》正是如此。在这幅画中,维纳斯代表了优雅与美丽的"女性"美德,克服了马尔斯(战神)那具有破坏性的、极度男性化的激情。就像我们现在在画廊中崇敬地欣赏的许多文艺复兴时期的图像一样,《维纳斯与马尔斯》几乎可以肯定最初是床头板——很可能是为新婚夫妇准备的。维纳斯身后的桃金娘树枝向我们表明,这确实是女神,而且是一位在爱人面前占主导地位的女神:正如费奇诺所见,即使在占星术中,也是"维纳斯(金星)主宰马尔斯(火星),而非相反"。画中出现的兽人萨堤尔(半人半羊的怪物)形象让人回想起淫欲玷污精神之爱的危险。一个躲在马尔斯光亮胸甲下的捣蛋萨堤尔手中拿着颠茄(属于剧毒茄属植物,效果与鸦片类药物相似),提醒床上的人们欲望的迷人效果。(奇怪的是,食用这种特殊果实的一个效果似乎是诱使食用者脱下衣物。)维纳斯已成为一场精英、智识、图像游戏的参与者——尽管这场游戏带有一定的政治色彩。

几乎可以肯定,《维纳斯与马尔斯》的创作是为了庆祝洛伦佐·德·美第奇的女儿卢克雷齐娅与来自佛罗伦萨敌对的萨尔维亚蒂家族的一个年轻人的(包办)婚姻,而萨尔维亚蒂家族此前曾参与过针对美第奇家族的阴谋,因此这幅画的创作具有政治意味。在这幅画作上,衣着优雅的维纳斯代表着和平的高尚与宽容,而赤裸、无原则的马尔斯则微妙地暗指了好斗的萨尔维亚蒂家族中地位较低(暴露且脆弱)的成员。

在文艺复兴时期的意大利,世俗绘画蓬勃发展。它们变得如此受欢迎,以至于脾气暴躁的教士萨沃纳罗拉在1493年佛罗伦萨狂欢节的"虚荣之火"中,命令销毁了许多这样的画作。维纳斯特别引起了他的愤怒:"至于市民的房屋,我能说什么呢?"萨沃纳罗拉大声疾呼,"没有哪个商人的女儿出嫁时,嫁妆里没有画着异教故事的画作。新婚的基督教女性更可能了解马尔斯(与维纳斯)的不忠,而不是《圣经》中的圣女!"[①]

但维纳斯并不能如此轻易地受到指责。波提切利继续描绘了这位女神在塞浦路斯岛上的非凡降临;这幅作品名为《维纳斯的诞生》,完成于1484年至1486年之间,对全球文化和思想产生了深远影响。

作为西方艺术史上首幅女性真人大小的裸体画作,《维纳斯的诞生》一直被引用、抄袭、戏仿和营销,直至今日。波提切利笔下的这位文艺复兴女神沉浸在古典情境中。维纳斯的一个伙伴佩戴着桃金娘腰带,挺立的芦苇象征着俄耳甫斯与盖亚故事中充满张力的情欲,柔软的红色斗篷和玫瑰则是对阿佛洛狄忒据说由之诞生的血腥割除之物的一种优雅致敬。

《维纳斯的诞生》同样致敬了先人们,因为它是一幅旨在激发情感、永存并传达思想的艺术作品。它是对美的颂歌,

---

① Savonarola, *Ruth and Micheas*, Sermon XXVIII.

波提切利,《维纳斯与马尔斯》,约 1485—1488 年。以蛋彩和油彩绘于杨木板上,现藏于伦敦国家美术馆

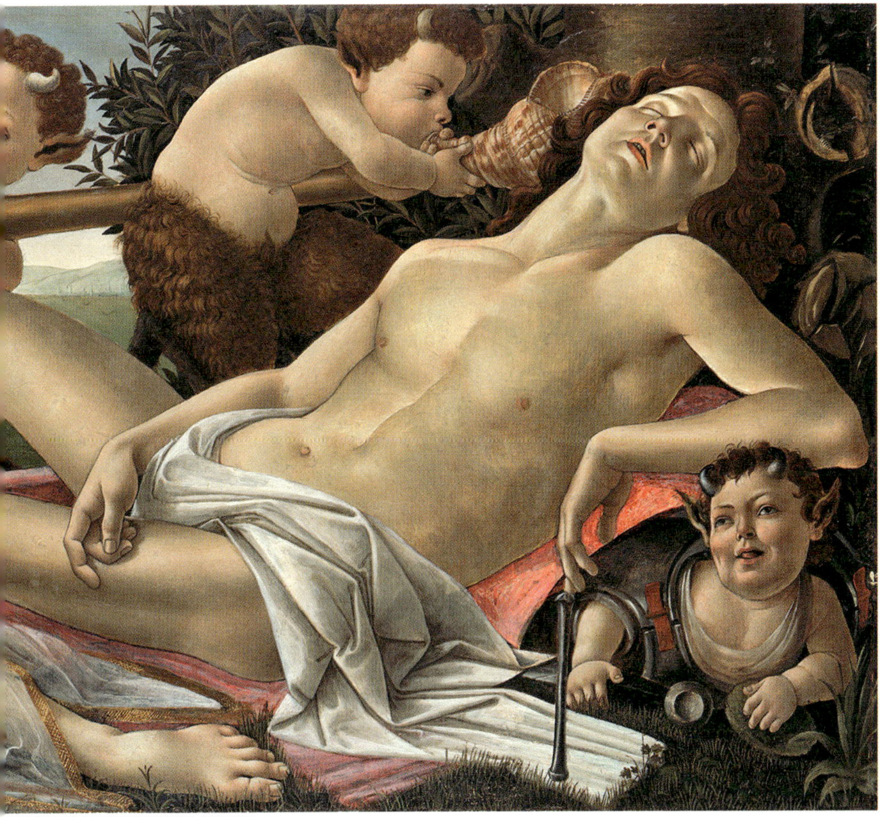

既是肉体之美，也是形而上之美。与布龙齐诺、克拉纳赫、霍尔拜因、扬·马西斯等人的作品一道，受古典寓言启发的文艺复兴艺术展现了新柏拉图主义的完美可以在世间崇高的事物中得到体现。希腊哲学家普罗提诺，其思想被广泛追随，在《九章集》第一卷中写道："这就是美必须永远激发的精神：惊叹与美妙的烦恼，渴望、爱恋与全然愉悦的颤抖。"在文艺复兴时期的别墅中，维纳斯的画作被热切地委托创作，然后小心地安装在商人和贵族厚重的门后，以华丽而单一的形式确保了她的不朽。

这位女神也依然出现在街头巷尾。冒险的骑士和十字军战士带回了东方的诗歌形式和歌词，随后被吟游诗人创作成中世纪晚期的情歌。"第一位吟游诗人"阿基坦和加斯科尼公爵威廉九世，实际上在 15 岁时就继承了一批原本来自穆斯林家庭的歌唱女孩，这是在 1064 年伊斯兰-伊比利亚城市巴尔巴斯特罗陷落之后发生的。这些不幸的女子接受了尾韵训练，她们的作品似乎改变了西方音乐。传统上，她们吟唱如同一种令人愉悦的疾病的爱情，以及恋人的痛苦。一些新的西方民谣（后来影响了现代流行歌曲）采用了古典主题——维纳斯或圣母玛利亚的雕像栩栩如生，要求年轻男子绝对忠诚。这些歌曲劝诫人们要避免"邪恶的维纳斯"，而要在女性中寻找"善良的维纳斯"。在吟游诗人的眼中，美丽女士的标志是成为一段神秘关系中的女性伴侣，表面上占据主导，但最终满足她男性情人的愿望。在中世纪和文艺复兴时期，关于维纳斯欲望的观念在欧洲北部和南部的鹅卵石街道和广场上被弹奏和歌唱，同时也装饰着西方文明中最富有的家庭。

波提切利的作品在当时备受珍视，但随后大部分都被忽视了，直到三百年后拿破仑·波拿巴皇帝大规模的欧洲世俗化项目启动，许多艺术作品才从宗教机构中得到释放，流入艺术市场。波提切利的《维纳斯的诞生》激发了从约翰·埃弗里特·米莱爵士开始的拉斐尔前派艺术家的灵感，成为文化的试金石。1887 年，德彪西在脑海中想着波提切利，创作了组曲《春天》；1902 年，伊莎多拉·邓肯表演了"春之女神"——她声称自己出生于阿佛洛狄忒之星下，这位女神成了她保留剧目中的常客；1962 年的电影《诺博士》中，乌苏拉·安德丝带着贝壳从海中走出；安迪·沃霍尔将维纳斯变成了彩色流行艺术。神经科学家石津智大和西米尔·泽基最近提出了"基于大脑的美学理论"，他们的研究将《维纳斯的诞生》评为世界上最美的十幅画作之一。

尽管在古典时代晚期和中世纪早期，维纳斯经历了诸多变迁，被放逐、禁止和谴责，但她再次成为胜利女神维纳斯，象征着美和爱战胜了渴望和性欲的黑暗冲动。她证明了自己是不可抗拒的，作为人们渴望和沉思的对象，注定要被追求物质利益的现代世界大加利用。

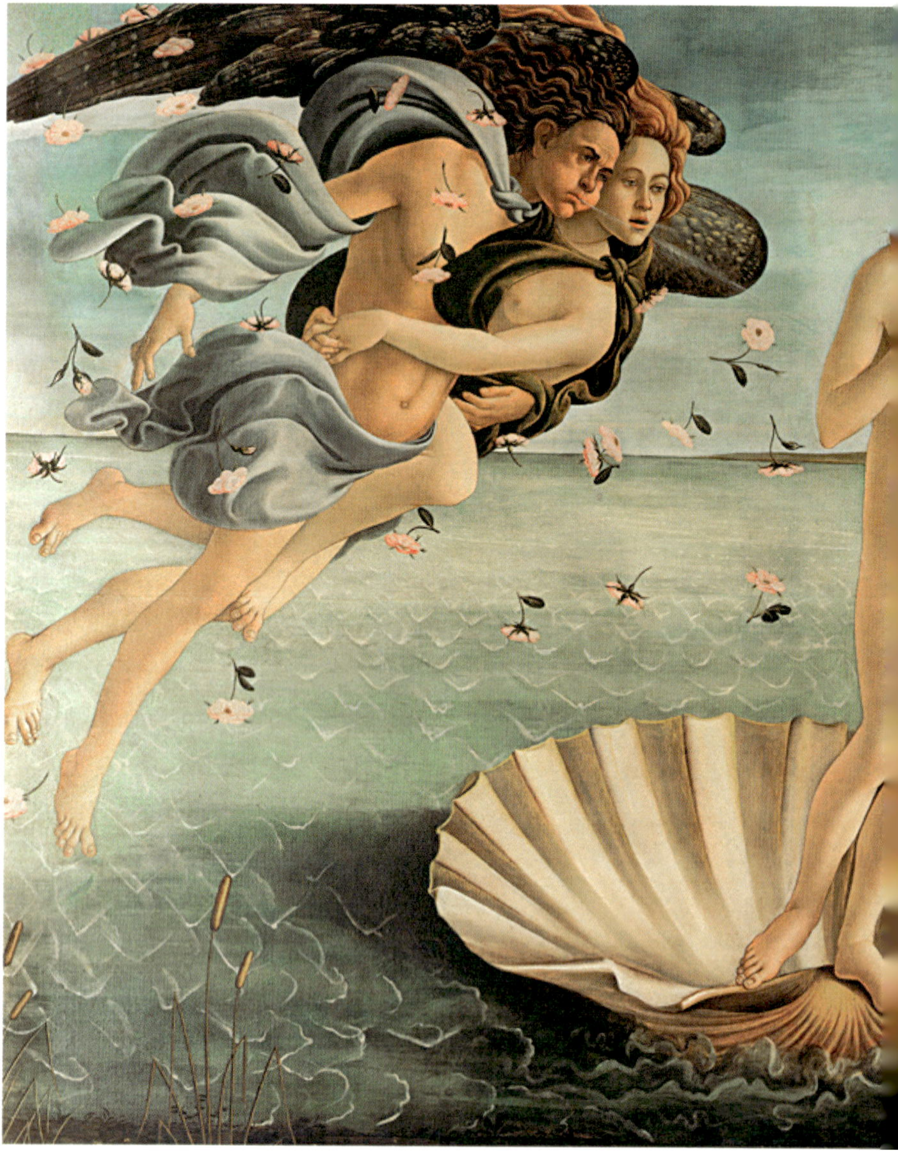

波提切利,《维纳斯的诞生》,约 1485 年

十一

票房里的维纳斯

《穿裘皮的维纳斯》中,她以红发编织的陷阱捕获了他的灵魂。他将为她作画,直至疯狂。[1]

---

[1] Leopold von Sacher-Masoch, *Venus in Furs*, trans. Savage.

阿佛洛狄忒-维纳斯不仅坚韧不拔，还极具票房号召力。16世纪英格兰的一位有影响力的作家——威廉·莎士比亚——就深刻认识到了这一点。

莎士比亚的首部出版作品，那首广受欢迎且略带粗俗的叙事诗《维纳斯与阿多尼斯》，在短短几年内就被重印了至少六次。这首诗创作于1593年，可能是由于前一年伦敦剧院因瘟疫暴发而关闭，莎士比亚为了赚钱而迫于无奈创作的。这首诗歌作品暗含叛逆之意。它在探讨爱与欲望的心理冲突时，塑造了一个肌肉发达、满头大汗、略带女霸主气质的维纳斯形象，她追捕着可怜兮兮的阿多尼斯。她是一个"病态思绪的维纳斯"，一个被欲望吞噬的女人。这一切，或许都是莎士比亚对当时的女王——年迈的伊丽莎白一世（在一个男性主导的世界中的女性统治者）——进行的巧妙而隐秘的讽刺。

莎士比亚的《维纳斯与阿多尼斯》受到了奥维德《变形记》第十卷的启发，就像他那个时代的许多学童一样，他阅读的是1567年亚瑟·戈尔丁的译本。在这首诗中，女神裸体狩猎，她渴望阿多尼斯，并以相当直白的方式向他献身。故事随后按照自古以来某些版本的情节展开：阿多尼斯被野猪顶伤致死。猎人反被猎物所猎。阿多尼斯的鲜血染红了大地，鲜亮的银莲花破土而出。文笔极具暗示性。尽管在五十年内出版了十六个版本，但几乎没有原版留存下来：学者们认为，这些印本被反复、热情地翻阅，以至于大多都已散架。

莎士比亚在其作品中不断提及维纳斯。他将克利奥帕特拉描述为维纳斯，并在《仲夏夜之梦》中认可了这位女神的浪漫力量。但这位文豪笔下的女神往往带着恶意和变幻莫测的特质。在《无事生非》第四幕中，克劳狄奥评价希罗时说："你的热血比维纳斯还要沸腾。"在《罗密欧与朱丽叶》第二幕中，墨丘利奥提到了"爱嚼舌根的维纳斯"。在《皆大欢喜》第四幕中，维纳斯的子孙遭到了抨击。奥兰多被称为"维纳斯那个邪恶的私生子，他是思想的产物，怒气的结晶，疯狂的成果，那个瞎眼的捣蛋鬼，他侮辱了每个人的眼睛"。

莎士比亚经常回望历史，并从地理上的东方汲取灵感，他很可能意识到了维纳斯在时髦的威尼斯城中流行的时尚之风，以及这种风尚所带来的丰厚利润。因为维纳斯与威尼斯之间正建立起一种特别紧密的联系。随着威尼斯人在政治和商业上的日益强大，他们有意识地发展了威尼斯的创世神话，并将这位女神融入其中。威尼斯人宣称，他们的城市是一座古城（威尼斯大约建立于公元 5 世纪）；他们像维纳斯一样，从海水的咸涩中诞生，这一过程充满了魔力；作为地球上最美丽城市之一的居民，他们身上流淌着女神崇高的精神；而威尼斯这个名字似乎也源自维纳斯（实际上，它源自古老的维内蒂部落）。女神再次以新的方式被赋予了新的使命。

阿佛洛狄忒-维纳斯（考虑到她源自东方，这颇具讽刺意味）也开始代表一种宗派的、西方的、天主教的理想，与东方的"野蛮"形成直接对比。教皇舰队的指挥官雅各布·佩萨罗（恰巧也是塞浦路斯岛上帕福斯的不在籍主教）委托威尼斯艺术家提香创作一幅庆祝作品，以纪念他在勒夫卡达岛战胜奥斯曼人的胜利。

在这幅画作中，圣彼得宝座的基座上，竟装饰着一幅维纳斯裸体像，她摆出维纳斯·维克托里斯（胜利女神）的姿势——作为美德与正义之爱的化身，战胜卑微的敌人。当威尼斯控制塞浦路斯——三大洲之间的关键贸易枢纽，也是抵御奥斯曼帝国的堡垒——时，威尼斯人通过圣马可广场钟楼下的大理石雕像中维纳斯（代表塞浦路斯）的永生不朽来纪念他们的胜利。这尊浮雕至今仍在那里，成为鸽子的栖息地，偶尔也会有与女神联系匪浅的鸽子停留。

被派往新殖民地塞浦路斯的高阶威尼斯人兴奋地宣称，他们在岛上的多个地方发现了维纳斯的真正陵墓。据说，尼科西亚圣索菲亚大教堂内的一口斑岩石棺是战神马尔斯为他的情人从斯基泰山脉搬运而来的，后来这口石棺被请求用作卢西尼昂王朝的詹姆斯二世国王的葬身之所。维纳斯不再是不朽的奥林匹斯山神祇，而是有血有肉的西欧女族长。拥有维纳斯、她的配饰以及她的名字，开始在物质和政治层面真正变得重要起来。

因此我们不难发现，维纳斯频繁出现在提香的作品中，这或许并不令人惊讶。这位威尼斯画家受到奥维德作品一个腐化版本的影响，一层又一层地涂抹着油彩，描绘出女神各种传奇般的化身：从海中升起的维纳斯，在富丽堂皇的红色沙发上肆无忌惮地凝视的维纳斯，与风琴师和丘比特在一起的维纳斯，以及手持玫瑰、轻抚私处的维纳斯。正是在威尼斯，艺术家们大胆描绘裸体女神挑衅般躺卧的风尚开始盛行。事实上，在西方沙龙中出现在油画布上的维纳斯，现在很少穿着衣物。相反，她是一个完美的女人，身材丰满，等待着被欣赏。

这位古老而全能的神祇越来越多地被塑造成了一个模范的凡人形象，成为早期现代女性难以企及的理想典范。

16世纪的一位法国医生路易·居永在他的《美丽之镜》一书中，甚至为活生生的女性开出了他"对身体之美的简洁描述"——他建议，应在女性赤身裸体的情况下进行诊断，就像阿佛洛狄忒-维纳斯在帕里斯面前裸体站立接受审判时那样。居永认为，女性的头发应是金色的，脖子修长，眼睛闪闪发光，乳房坚挺且大小适中——有点像苹果。臀部应丰满，腹部应略显丰满，但不能有皱纹。大腿、臀部、手臂都应丰满。

提香,《维纳斯·阿纳迪欧墨尼》,约 1520 年。布面油画,现藏于爱丁堡苏格兰国家美术馆

126

提香，《教皇亚历山大六世将雅各布·佩萨罗引见给圣彼得》，约1506—1511年。注意圣彼得宝座上的裸体维纳斯。布面油画，现藏于安特卫普皇家美术博物馆

这种完美的女性身体形象是以古典和文艺复兴时期的维纳斯雕像为蓝本的。当时的女性虽然没有被赋予女神的力量,但她们被期望拥有女神般的外貌。

提香,《乌尔比诺的维纳斯》,约1534年,布面油画,现藏于佛罗伦萨乌菲齐美术馆

1555年,在威尼斯,《尊敬的阿莱西奥·皮埃蒙特修士的秘密》一书出版,随后被翻译成几乎所有欧洲语言,并再版了九十多次。这本书进一步推进了这一主题,并包含了鼓励女性追求身体完美的秘方:脱毛膏、染发剂、抗皱乳液、牛奶、糖和黄油,以使身体变得光滑,像维纳斯一样。

与此同时,在舞台上,维纳斯被展示为沉思的,有时也是挑逗的借口。由约翰·布洛作曲、安妮·金斯米尔撰写剧本的流行歌剧《维纳斯与阿多尼斯》于1683年首次演出,大

获好评。在伦敦的首演中，扮演这位女神的是查理二世的一名被遗弃的情妇莫尔·戴维斯。她充满活力，性感迷人（尽管布洛是皇家教堂的作曲家），身着华丽的服饰，真是一道亮丽的风景。虽然布洛的《维纳斯与阿多尼斯》可以说是英国历史上的第一部歌剧，但它也是最后一部皇家英国假面剧。这位戏剧中的维纳斯是数百年传统的高潮。这位女神对聚光灯并不陌生；相反，她是各种戏剧中的角色；甚至在罗马时代，维纳斯就已经在竞技场上成为舞台的中心。

关于维纳斯漫长的戏剧生涯，有一个有趣的证据来自现代突尼斯中部的马克塔尔，这是一个仍然被特拉扬的巨大凯旋门所主宰的非凡遗址。我上次在冬天访问马克塔尔时，白色的花朵散落在广阔的绿色大地上。这里曾经是一座繁荣的城镇，最初是由逃避罗马摧毁迦太基超级大国的布匿难民定居的。当地的反叛者逐渐接受了罗马的建筑。到了晚期古代，马克塔尔（顺便提一下，这座城市也出现在美妙的《佩廷格地图》上）已经像罗马城市一样罗马化了。这里的一个露天剧场生意兴隆，而距离此地半天路程的地方，就是位于提斯德鲁斯（现在的埃尔杰姆）的非凡竞技场。提斯德鲁斯竞技场能容纳 35 000 人，仅次于罗马斗兽场。这些游戏是北非这个行省文化的重要组成部分，是罗马以其军事精神、以残酷而戏剧化的形式证明其军事力量的方式。因此，在马克塔尔的维纳斯之家里，一幅公元 3 世纪前半叶的维纳斯马赛克画像中，她优雅地调整着自己的凉鞋，而玫瑰花散落在地上。

女神周围的图像都与露天剧场中那些充满激情、往往残忍的游戏有关。在相邻的突尼斯定居点图布尔伯·马尤斯的一个类似场景中,维纳斯被绘制在一辆战车上,这种战车曾在罗马的竞技场或圆形剧场中飞驰,或在阅兵场上冲锋。

北非作家阿普列尤斯——其色情小说《金驴记》最为人所知——描述了屠杀动物或人类的游戏开始之前的表演,这些表演将流行的希腊神话戏剧化,经常讲述帕里斯的审判的故事。阿普列尤斯记载,上台来"审判"帕里斯的维纳斯是赤裸的,美丽动人:"在这些之后,另一个女孩登场了……代表着维纳斯,展现着维纳斯还是处女时的模样。她展示着完美的身材,全身赤裸,仅在一块透明的丝绸下遮掩着她迷人的魅力。"[1]

几个世纪以来,维纳斯——既作为一个概念,也作为无数被展示以供娱乐的、无声的"其他女孩"之一——无论在舞台上还是在密室中,都诱惑着人们。

她曾是真实女性的捍卫者,但随着女神神圣光泽的褪色,她被塑造成了一个普通的女人。

像鲁本斯这样的艺术家经常让他们的妻子或妓女摆出类似维纳斯的姿势来作为模特。奥地利红衣主教费尔南多,西班牙国王费利佩四世的兄弟,曾写到他兄弟所拥有的一幅鲁

---

[1] *Metamorphoses*, 10.31, trans. Hanson.

本斯的画作,再次描绘了帕里斯的审判:"在人群中间的维纳斯是一幅肖像,非常像(鲁本斯的)妻子,她无疑是这里最漂亮的女人。"

大理石和画布上的维纳斯已经成为令人渴望又不可触及的色情混合物。到了18世纪和19世纪,我们在画布上看到的阿佛洛狄忒-维纳斯通常都是低阶层的劳动女孩,她们最终成为艺术家的模特。妓女们自己也越来越多地被称为"维纳斯"。女神现在几乎只与贪婪和性病联系在一起。

但在一些颇为古怪的圈子里,她仍然被崇拜。在英国白金汉郡体面的乡村小路之外,隐藏着西威科姆公园,那里对阿佛洛狄忒的欲望充满了崇敬和热爱。这是弗朗西斯·达什

鲁本斯,《扮演维纳斯的海伦娜·弗尔门特(鲁本斯的第二任妻子)》,布面油画,据说海伦娜·弗尔门特的美貌超过了特洛伊的海伦

彼得·保罗·鲁本斯,《帕里斯的审判》,1637/1638 年。木板油画,现藏于马德里普拉多博物馆

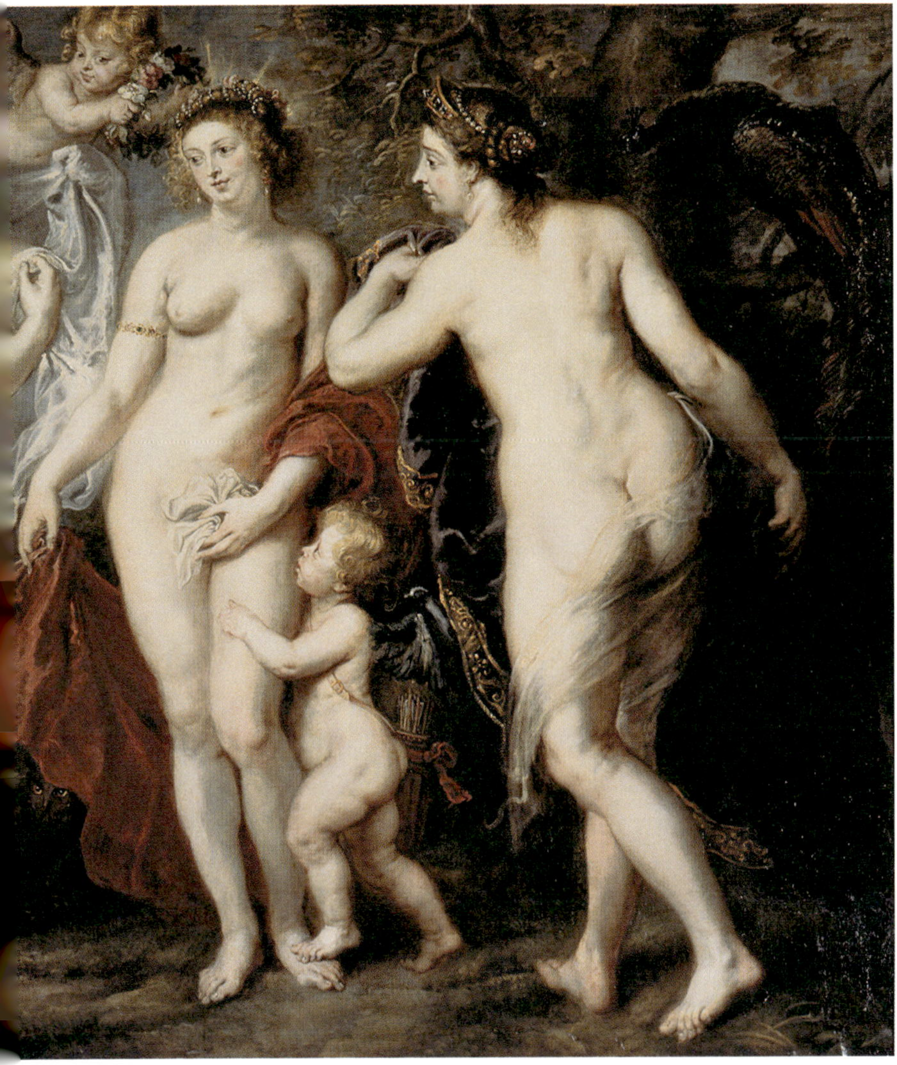

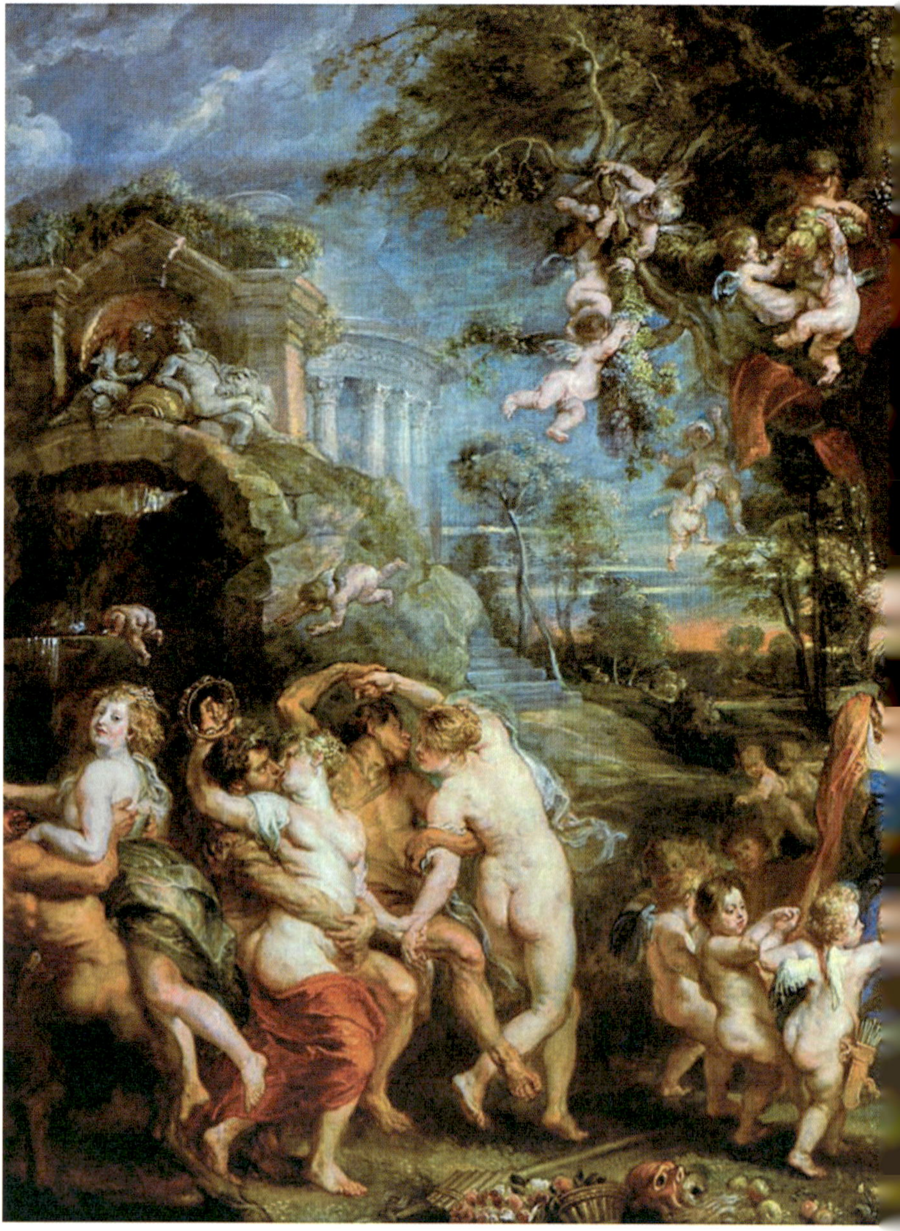

鲁本斯在他的《维纳斯盛宴》(1635/1636年)中对罗马维纳斯节的想象,该作品借鉴了提香的《爱神节》,其灵感来自公元3世纪的希腊旅行家菲洛斯特拉图斯对那不勒斯附近一座公元前3世纪的别墅里一幅画的描述

伍德爵士的庄园，他在壮游中爱上了古代世界，这是一段许多英国年轻贵族所享受的、带着姿态的空闲时光。然而，虽然许多人只是带回了文物和思想，但达什伍德似乎成了信徒。他成了阿佛洛狄忒的祭司。在他那座非凡的庄园里——这里至今仍是达什伍德家族的住所——有画作展示着弗朗西斯爵士和朋友们作为僧侣在女神的神殿前祈祷。她的形象无处不在，墙上、天花板上、窗台边。花园里甚至还有一座她的神庙。据说，在柱子下的一个入口处——开口呈女性器官的形状——曾见证过两种意义上的狂欢仪式：神秘而性感。

然而，在这个现代版的维纳斯之恋和"阿佛洛狄忒的赠礼"中享受乐趣的男性都是高阶层人士——议员、主教、作家、学者、贵族——而房间里的女孩们却是低阶层的应召女郎和妓女。阿佛洛狄忒-维纳斯已不再代表发展，而成了剥削的工具。

在维多利亚时代，一个极为流行的艺术家和故事讲述者的主题是古代艺术家皮格马利翁和他那可塑性极强的作品加拉提亚。这个故事最初由奥维德讲述，说的是来自塞浦路斯的皮格马利翁是个厌女者。于是，他用石头雕刻出了一位完美的妻子，她美丽、无瑕、沉默。有一天，他在一个祭祀阿佛洛狄忒的节日上献祭，祈祷女神能赐给他一个像他的大理石雕像一样的妻子。阿佛洛狄忒善意地倾听，并为皮格马利翁的创作注入了生命。这为维多利亚时代的观念提供了一个完美的比喻——女性是由男性塑造和成就的。

WOOING THE AFRICAN VENUS.
(Some way after Homer's Hymn to Aphrodite.)

[A Charter has just been granted to the Imperial British East Africa Company. This Company will now administer and develop a territory with an estimated area of about 50,000 square miles, including some of the most fertile and salubrious regions of Eastern Africa.]

THE force, O Muse, and functions now unfold Of Afric's Venus, graced with mines of gold; Who e'en in BISMARCK lights love's furious fire, And makes all men woo her with hot desire.

From all earth's nations, Frenchman, Portuguese, [seas, From Yankee shores and from all Europe's Adventurous patriots crowd to seek and share Love of the Libyan Venus. Three there are

Whose minds are mainly set upon that love: The Briton, proud as Ægis-bearing Jove, Who deems her indevirginate, her eyes Being black and burning, like her own fierce skies.

"冒险的爱国者争相寻找并分享利比亚维纳斯的爱情",《潘趣》杂志,1888年在殖民探险队踏上非洲大陆之后,当地出生的女性经常被淫秽地描述为"黑维纳斯"。来自现代贝宁红土地阿波美的达荷美女战士们,组织严密、表现出色,却被称为"维纳斯的信徒"。所谓的"霍屯督维纳斯"萨拉·巴特曼被游行展示于欧洲各国首都,以便付费的公众可以对她突出的臀部和生殖器评头论足。在《潘趣》杂志的漫画中,非洲女性会被描绘成"未开化的……眼睛漆黑而炽热,就像她那狂野的天空"。所有这些骇人听闻的案例都揭示了英国对其吞并的领土潜藏的焦虑。维纳斯成为掩盖令人不安和堕落的性别歧视与种族歧视的薄薄幌子。

于是,这位曾经充满活力的女神变成了一个功能性角色。她的存在只是为了激发男性的凝视,滋养东方主义的统治,或者仅仅是为了装饰扇子、怀表和手套托盘。她不再是女性力量的象征,而是压迫和压制的象征。

十二

现代的女神

"我的花园,那号角,那天之舟,
如新月般充满渴望。我的未耕之地荒芜着。
至于我,伊南娜,
谁来耕种我的花园?
谁来耕作我那高处的田地?
谁来耕作我那湿润的土地?"

杜穆兹回答道:"伟大的女神,国王将耕种你的花园。

我，杜穆兹，这位国王，将耕种你的花园。"

伊南娜："那就耕种我的花园吧，我心爱的人！耕种我的花园！"[1]

---

[1] 'The Courtship of Inanna and Dumuzi', c.2500 BC, trans. Wolkstein and Kramer.

因此，具有强大力量、其裸体令人震撼的阿佛洛狄忒－维纳斯，讽刺地成了西方世界里被观看次数最多的裸体女性。观众们被默许成为偷窥者。

1914年3月10日上午10点，一名女性走进了伦敦的国家美术馆。她的衣服里藏着一把切肉刀。她爬上大理石楼梯，在各个展厅里徘徊了90分钟，等待安保出现疏忽，然后径直走向馆内最受欢迎的一幅画：《维纳斯的梳妆》，人们亲切地称之为"罗克比维纳斯"。当这幅委拉斯开兹的画作被其原主人、议员及地主约翰·莫里特出售时，英国公众刚刚筹集了45 000英镑，以确保这幅画能够留在本国。莫里特将其称为"描绘维纳斯臀部的精美画作"。

这名女性是激进的女权主义者，名叫玛丽·理查德森，她掏出武器，愤怒地砍向画布——如果你今天仔细观察，仍然能看到修复损伤后留下的细微痕迹。这次袭击成了全球头条新闻。理查德森后来解释说，她的愤怒是因为："我无法忍受男人们整天盯着它看。"正如《泰晤士报》次日所报道的，理查德森想要"摧毁神话历史上最美丽女人的画像！"

尽管女权运动领导人埃米琳·潘克赫斯特被一些人誉为女战神，但对"罗克比维纳斯"的破坏行为却是对潘克赫斯特被捕的抗议。阿佛洛狄忒-维纳斯已成为偏见的诱人包装，仅仅具有装饰性和娴静的气质。无疑，这并非巧合，在19世纪，另一尊残缺的维纳斯——《米洛的维纳斯》——成为西方文明理想女性的象征。

当基克拉迪群岛中的米洛岛仍处于奥斯曼帝国控制之下时，1820年，一名贫穷的农民在茂密的灌木丛下发现了一尊将成为现代标志的雕像：一尊原本被认为是出自普拉克西特列斯之手的大理石女神像，但（根据现在已遗失的基座上引人深思的证据推测）它可能是由旅行雕塑家安提俄克的亚历山德罗斯在公元前80年左右雕刻的。这尊被发现的雕像立即被认定为维纳斯。它被救出、交易，并最终在卢浮宫展出。这尊在古代曾遭到粗暴对待的雕塑——双臂断裂，后被用作罗马城墙的填充物——如今却受到了异乎寻常的精心呵护和尊重。当卢浮宫在巴黎公社期间遭到袭击时，受损的维纳斯被藏在了警察局楼下。在第二次世界大战期间，她被藏在法国喜剧院的一辆布景卡车的后部，偷偷运出巴黎，并被秘密藏匿在法国中部华丽的瓦朗赛城堡中。

这是全球所有阿佛洛狄忒-维纳斯雕像中被复制最多的一尊。然而，这位女神并非天神被截肢后产生的凶猛而迷人的结果,而是一位被截肢者。以当时的标准来看,她并非全能;她很虚弱,需要救援。维纳斯不再创造文明,甚至不再仅仅被文明所容纳:文明反而在她的残缺中狂欢——无臂的维纳斯滋养了对废墟的渴望。维纳斯主要成为一个吸引人的躯体,人类可以在其上投射抽象的思想,萨尔瓦多·达利1936年的作品《带抽屉的米洛的维纳斯》就是这一点的完美体现。这是一件受灵感启发而创作的艺术品,其灵感并非来自强大的阿佛洛狄忒的故事(达利认为:"对于完美之美,没有什么比愚蠢的表情更合适了。《米洛的维纳斯》就是最明显的例子。"),而是来自西格蒙德·弗洛伊德教授的思想。

年轻时,弗洛伊德是一位充满热情的古典主义者。1859年,他离开了当时位于摩拉维亚的贫困小镇弗赖贝格(他父亲的羊毛生意在此破产,这里至今依旧破落),全家搬到了充满活力的维也纳。照片显示,当时7岁的弗洛伊德挺直腰板,腿上放着一本超大的历史书,正在阅读关于汉尼拔、亚历山大大帝以及希腊神话的故事。阿佛洛狄忒因截肢而生的传奇故事深深吸引了弗洛伊德,他毕生的工作就是探索,作为个体和文明,我们如何处理欲望。

在维也纳那间冰冷的小厨房里,各种思想如泉般涌现:无意识作为冲动蓄水池的概念;将心灵视为考古挖掘现场;发掘记忆;认识到过去在我们的日常生活中无处不在。性心理及其驱动力成为弗洛伊德早期工作的核心教义,爱神厄洛斯的伴侣普绪克的价值也得到了彰显——弗洛伊德为致敬普

在20世纪50年代庞贝古城的挖掘工作中,维纳斯画像在挖掘总监阿代奥·莫里的密切关注下从浮石中出土

绪克(Psyche,希腊概念,意指灵魂、精神、生命气息、内心和厄洛斯的伴侣)而创造了"精神分析"(psycho-analysis)一词。然而,阿佛洛狄忒-维纳斯却被边缘化了;对弗洛伊德而言,真正重要的是她那爱惹事的儿子厄洛斯。

82岁时,弗洛伊德被盖世太保驱逐出纳粹占领的奥地利,随后定居在伦敦北部优雅的汉普斯特德。他在那里的书房里堆满了来自古代世界的文物,其中包括大量的维纳斯、阿佛洛狄忒和阿施塔特雕像。他的书桌上放着一尊以《尼多斯的阿佛洛狄忒》为原型的雕像。另一尊他钟爱的维纳斯雕像手持镜子，对他来说这象征着女性的自恋，通过凝视自己美丽的脸庞来弥补没有男性生殖器的遗憾。像恺撒一样，弗洛伊德也戴着一枚刻有希腊女神的戒指，而他的客户之一玛丽·波拿巴公主还送给他一尊阿佛洛狄忒的青铜小雕像作为感谢礼物。然而，在这个房间里，占据主导地位的是厄洛斯。因为在弗洛伊德开创性但存在缺陷的研究中，这位精神分析学家扭曲并放大了一种在古代世界部分存在的意识形态二元性，但这种二元性并非源自对女神生平故事的深刻教训。

20世纪20年代初，弗洛伊德的一个偶然的反思被谨慎地记录下来，并逐渐形成体系，最终成为精神分析思想的基础。弗洛伊德的观点是：厄洛斯代表着刺激、激活、雄心、对生活的渴望和欲望，它与人类死亡本能之间存在着不断的斗争。而厄洛斯与缺失（即死亡）之间的冲突与合作解释了生命经历的复杂性。对弗洛伊德而言，文明服务于厄洛斯，而非相反。他在《文明及其不满》（1930）中写道："现在，我认为，文明演化的意义对我们来说已不再模糊。它必须展现出厄洛斯与死亡、生命本能与毁灭本能之间在人类物种中的斗争。"

弗洛伊德的思想影响深远。阿佛洛狄忒及其史前祖先将正负冲动集于一身，而弗洛伊德则将它们呈现为对立的两极。他提出了"快乐原则"和"愿望满足"的力量，确立了精神分析准则，这些准则被广告业热切采用，作为触发个人内心渴望和欲望的手段。于是,我们有了吉列的女性维纳斯剃须刀,承诺"揭示你内心的女神";有了多芬香皂,让肌肤柔嫩;还有维纳斯品牌的石榴汁。如今,阿佛洛狄忒的馈赠不再用于凝聚社区,而是助力于自我实现和自我沉醉。

但也有人以其他方式使用维纳斯这个品牌。我们都熟悉金星(维纳斯)的古老天文符号,即使我们可能没有意识到。

20世纪70年代,纽约的自由女权运动。金星的天文符号被变形并印在旗帜上

这个符号可能代表阿佛洛狄忒的手镜、项链或女性器官，几十年来一直出现在医学期刊和厕所中，作为女性的象征。恰当地说，♀也是阿佛洛狄忒－库普里斯的金属——铜——的符号。（顺便提一下，维纳斯的情人马尔斯［火星］的天文符号——一个盾牌和竖立的矛——被用作男性的象征。）基督徒在金星符号上加了一条横杠，使其更像十字架，而在 20 世纪 70 年代，一个拳头被画进圆圈里，不仅代表女性，还象征女性的反抗。

尽管爱神在现代流行歌曲中的频繁出现可能显得平庸，但一些表演者却玩味着她那诱人的魅力（我们应记住，流行浪漫音乐在很大程度上源于中世纪吟游诗人的歌曲）。Bananarama 乐队翻唱了 Shocking Blue 乐队 1969 年的跨大西洋热门歌曲《维纳斯》，将这位女神想象成身穿泡泡糖粉色戏服、在海螺中扭动的女恶魔，并在他们 1986 年的国际热门单曲中表达了自己的观点："她的武器是她晶莹的眼睛。"凯莉·米洛的第十一张录音室专辑名为《阿佛洛狄忒》，而 Lady Gaga 则在歌曲中提到了"阿佛洛狄忒小姐，海螺比基尼"，并向她的爱神之一、代表单恋的希墨罗斯祈祷。当碧昂丝怀着双胞胎推出一系列以女神为灵感的照片时，她将自己塑造成融合了非洲、欧洲和亚洲强大女性形象（包括维纳斯）的金色海神和生育之神。

从烈焰燃烧的中东神灵到魅力四射的摩登女郎，阿佛洛狄忒－维纳斯经历了漫长的旅程，在 21 世纪被用来推销从鸡尾酒到性玩具的各类商品。每年的2月14日，全球情人节市场会培育出2亿朵红玫瑰——阿佛洛狄忒之花仍被作为爱的象征进行交换。作为一种理念和形象，阿佛洛狄忒－维纳斯在我们的生活中无处不在，贯穿于西方和东方文化之中。这位女神既是基本元素，也是瞬息万变的文化模因。当我们谈论催情剂、色情、贪婪、化妆品、帕福斯（阿佛洛狄忒的圣地）以及与性病（但愿不常提及）相关的话题时，我们都会想起她。近来，她的形象再次被用来宣扬女性性力的强大和潜力——正如史前时期那般。她似乎仍然是不朽的。

千百年来，男女们一直向这位女神祈求：

> 塞浦路斯女神啊⋯⋯
> 请赐予我大恩大惠
> 以这小惠为交换，如你所愿，
> 她只求与夫君
> 心心相印，灵魂相依。[1]

在爱情消逝之前，爱神似乎不太可能失去她的魅力。

---

[1] *The Greek Anthology*, 6.209, trans. Chloe Tye.

结　语

　　缪斯啊，请述说塞浦路斯金色阿佛洛狄忒的功绩，她激起诸神甜蜜的激情，征服了凡人的部落、空中翱翔的飞鸟，以及陆地所孕育的众多生灵和整个海洋。[1]

　　……唯有你，是宇宙的指引之力，没有你，万物便无法涌现于灿烂的阳光之下，在喜悦与美好中生长……[2]

---

[1] *Homeric Hymn* 5.1 – 6, trans. Evelyn-White.
[2] Lucretius, *On the Nature of the Universe*, 1.21 – 23, trans. Latham.

在所有的古代女神中，为何维纳斯如此顽固不化？当阿佛洛狄忒举起她那著名的镜子时，映照出的是怎样的倒影？是否仅仅因为她所代表的事物——对美的欣赏、对女性和非传统性取向的恐惧与迷恋，以及性与暴力之间长久而危险的关系——一直备受欢迎？

她是否是我们对他人不幸、他人丑闻的窥探欲的早期渠道？是推特时代之前的"点击诱饵"？从古代直到新千年之交，赫菲斯托斯（或伏尔甘）发现阿佛洛狄忒与阿瑞斯（或维纳斯与马尔斯）的私情这一神话，激发了人们对通奸，尤其是女性陷入的尴尬境地的猥琐兴趣。如今，关于不忠、荡妇羞辱和色情报复的真实故事充斥着网络对话。

这位女神是一个光芒四射的生物——而所有这耀眼的光芒都会带来阴影。

然而，阿佛洛狄忒不仅是我们低俗时刻的催化剂，更是我们最高尚时刻的推动者。她不仅是激情的载体，更是哲学的媒介。她是我们可以用来思考，也可以用来感受的共鸣板。正如女哲学家迪奥蒂玛在柏拉图的《会饮篇》中所论述的，正是阿佛洛狄忒的影响推动着爱神厄洛斯踏上寻求美的道路。欲望是对美的追求——无论"美"可能意味着什么。欲望让我们对世界产生美好的感觉，因此也让我们在世界中变得伟大。它是激励我们行动、存在、思考的生命力。爱的意义不在于满足，而在于共生；人性的意义在于滋养智慧以及人际关系中——无论是身体、智力、社交还是文明层面——日益增长的喜悦。在《会饮篇》中，厄洛斯成为人类的伙伴和"普

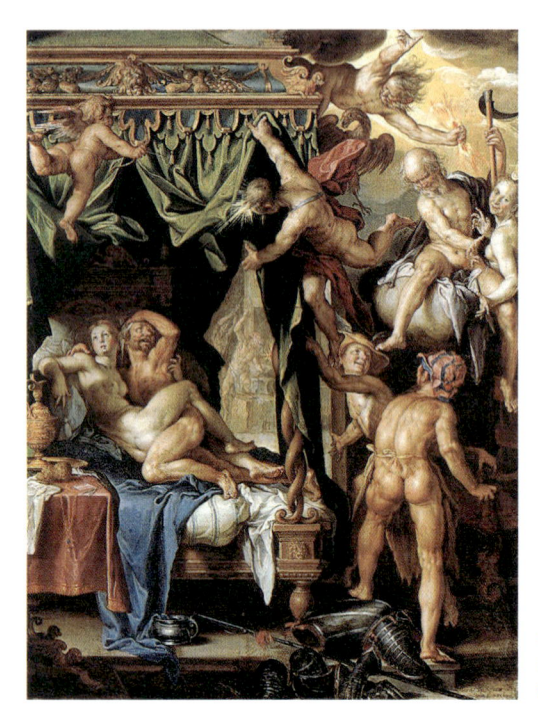

乔阿希姆·维特瓦埃尔，《众神发现马尔斯与维纳斯》，1603/1604年。铜版油画，私人收藏

遍的向导"。最近的学术研究支持了这样一种观点，即迪奥蒂玛可能实际上是伯里克利那位极其聪明的妓女伴侣阿斯帕西娅的化名。也许，所有关于情欲和柏拉图式爱情本质的这些想法，这些阿佛洛狄忒的馈赠，并非仅仅是特权阶层男性的华丽诡辩，而是男女之间真正的对话，其中也包含了女性的观点。

有一个静谧之地，仍能寻到这位"混合之神"的踪迹。在塞浦路斯，阿佛洛狄忒之岛，每年复活节前的星期五，妇女和儿童会用鲜花装饰一个灵柩。在说希腊语的小村庄里，母亲和祖母们一边挑选、编织花环，一边聊天。她们正在照料的是基督身体的象征，但这个传统可以追溯到基督教前的世界。古代在这里的社区，妇女每年都会制作阿佛洛狄忒死去的情人阿多尼斯的肖像，并将其放在装饰有鲜花的木板上。她们围绕着这个英年早逝的年轻人的尸体游行，用刀划割并

美国陆军航空军 24J"武装维纳斯"，曾在第二次世界大战中服役，第 494 轰炸大队，1945 年 7 月退役

捶打自己的胸膛，模仿阿佛洛狄忒对爱人死亡的反应。她们铭记，阿佛洛狄忒对爱人的痴迷使她实现了他的复活；也许她们的努力也能达到同样的效果。使用着阿佛洛狄忒千百年来所赞助的鲜花，分享着女神始终赞许的美酒，这些妇女铭记着，爱的痛苦可以通过团结、同情和陪伴的慰藉得到缓解。

阿佛洛狄忒与阿瑞斯的孩子确实是得摩斯（恐惧）和福波斯（恐慌），但还有哈耳摩尼亚（和谐）。也许当我们纪念阿佛洛狄忒时，她要求我们做的不是去追求那种毁灭性的欲望，而是去追求那种能团结、能将社区凝聚在一起而非分裂的欲望。她既是伤口，也是绷带。古人理解欲望值得尊重。各种人际关系都很复杂。从史前到现在，人类头脑中创造出来的阿佛洛狄忒的生平故事，可以帮助我们稍微解码人类的欲望：让它成为我们的盟友，而不是我们的毁灭者。

也许，最好像希腊人那样看待她——那位搅动一切的女神。她不是一位只有原始、片面、一心一意的野心或激情的神祇，而是一种重要的力量，提醒我们，当我们将这些激情强加于他人和周围世界时会发生什么。阿佛洛狄忒－维纳斯，这位天堂中的帕福斯女王，远不止一位美丽的爱之女神：她是凡人生涯中混乱、麻烦、变幻莫测、生机勃勃之事的化身，也是指引我们穿越这些的向导。

> 难道你看不出阿佛洛狄忒是多么伟大的女神吗？你无法命名也无法衡量她，但从她所经历的伟大事物中，

就能看出她天性中的伟大。她滋养着你我以及所有凡人。为了证明这一点，也为了让你不仅仅用言语理解，我将通过行动向你展示这位女神的力量。

一方面，干旱时，干涸贫瘠的大地渴望雨水滋润；另一方面，受阿佛洛狄忒恩泽的天空满载雨水，渴望将其洒落大地；当这两者融为一体时，它们为我们孕育万物，同时滋养着人类赖以生存和成长的一切。[1]

---

[1] Euripides, Fragment 898K, from an unidentified play, trans. Collard.

致　谢

多年来，许多人在我探寻阿佛洛狄忒的过程中给予了我帮助。对于那些在我之前开拓领域的学者和考古学家，我感激不尽。首先，我要向安德烈亚斯·皮塔斯博士表达衷心的感谢。安德烈亚斯认识到我对这位女神长达数十年的热爱，并温柔而坚定地劝说我继续追寻她的足迹。奥摩尔·科奇为我提供了漫游的机会，让我再次感受到大海那永恒的喧嚣与辉煌的慰藉。当然，我也要向艾伦·萨姆森和朱利安·亚历山大表示由衷的感谢。他们耐心、鼓舞人心，总是充满机智与智慧——他们是富有同情心的文字商人，也是永远鼓舞人心的快乐追求者。在从伦敦到阿佛洛狄忒之岛的旅途中，莱文蒂斯家族和蒂蒂娜·洛齐德斯给予了我巨大的支持。霍莉·哈雷、林登·劳森、汉娜·考克斯和乔·惠特福德完美地将阿佛洛狄忒之舟驶回了港口。古尔·普尔汉，以及已故的杰奎琳·卡拉乔吉斯和安杰洛斯·德利沃里亚斯，都为我提供了建议、知识和睿智。还有最亲爱的保罗·卡特利奇——

他再次超越了自己，谢谢你，保罗。蒂姆·惠特马什和伯特·史密斯在回应有关阿佛洛狄忒的问题时，如同赫尔墨斯般迅速而敏锐。2007 年，佩尔滕贝格教授引导我了解了阿佛洛狄忒的史前历史，他的离世是巨大的损失。许多学术同事在我深夜求助时给予了回应——我在此仅感谢其中一部分：朱丽叶·克拉克斯顿、凯特·库珀、欧文·芬克尔、托马斯·凯利、彼得·菲舍尔、丹尼·诺布斯、阿曼德·当古尔、保罗·罗伯茨、安东尼·马克里诺斯、芭芭拉·格拉齐奥西。梅在帕福斯海滩上穿着单薄，冻得瑟瑟发抖，索雷尔则朗读着古代晚期的曲目，直到深夜。菲利普·塞拉斯、玛丽·克拉尼奇、舒拉·苏布拉马尼亚姆、鲁斯·塞申斯、奈杰尔·加德纳、杰克·麦金尼斯和艾伦·希尔都助力了阿佛洛狄忒-维纳斯的传播——帮助我将多年的研究成果分享给更广阔的世界。蒂姆·奈特与我一同在 12 月一个寒冷的雪夜站在岸边，捕捉塞浦路斯岛西南部奇怪的水柱——当冬季的潮水以 90 度的角度冲击海岸时，水柱会高达 3 到 4 米，这是一道海水柱，也许见证了阿佛洛狄忒的诞生。我亲爱的母亲和已故的父亲，他们是无条件爱的典范，首先培养了我对他人的关爱。简一如既往地把我们和这个项目都置于自己之前，她是爱的化身。阿德里安·埃文斯已经忍受了我近三十年的学术和情感痴迷，感谢你一直以来的幽默、灵感和陪伴。

我在伦敦的一家医院里标注了这本书的第一批校样，又在另一家医院里完成了最后的校样。感谢所有 NHS 工作人员,他们不仅照顾着我们的亲人,也照顾着那些坐着等待的人,因为他们心中有爱。

参考文献

Bailey, A. (2011), Velázquez and The Surrender of Breda: The Making of a Masterpiece. New York: Henry Holt and Company.

Beard, M. (2008), Pompeii: The Life of a Roman Town. London: Profile Books.

Boatswain, T. (2005), A Traveller's History of Cyprus. Gloucestershire: Chastleton Travel/Arris Publishing Ltd.

Breitenberger, B. (2007), Aphrodite and Eros: The Development of Erotic Mythology in Early Greek Poetry and Cult. New York: Routledge.

Bull, M. (2006), The Mirror of the Gods: Classical Mythology in Ancient Art. London: Penguin Books.

Burke, J. (2018), The Italian Renaissance Nude. London and New Haven: Yale University Press.

Campbell, D.A. (ed. and trans.) (2015), Greek Lyric, Volume III: Stesichorus, Ibycus, Simonides, and Others. Loeb Classical Library 476. London: W. Heinemann.

Carson, A. (2003), If Not, Winter: Fragments of Sappho. London: Virago Press.

Collard, C. and Cropp., M. (eds and trans.) (2014), Euripides: Fragments. Loeb Classical Library 506. Cambridge, MA: Harvard University Press.

D-scholia in C. G. Heyne, ed., Homeri Ilias (Oxford, 1834).

Dalby, A. (2005), The Story of Venus. London: The British Museum Press.

Dalí. S. (2013), trans. H.M. Chevalier, The Secret Life of Salvador Dalí. New York: Dover Publications, Inc.

D'Angour, A. (2019), Socrates in Love: The Making of a Philosopher. London: Bloomsbury Publishing.

Delcourt, M., trans. J. Nicholson (1961), Hermaphrodite: Myths and Rites of the Bisexual Figure in Classical Antiquity. London: Studio Books/Longacre Press Ltd.

De Shong Meador, B. (2000), Inanna, Lady of Largest Heart: Poems of the Sumerian High Priestess Enheduanna. Austin, TX: University of Texas Press.

Empereur, J.-Y. (2000), A Short Guide to the Græco-Roman Museum, Alexandria. Alexandria: Harpocrates Publishing.

Evans, M. and Weppelmann, S. (eds) (2016), Botticelli Reimagined. London: V&A Publishing.

Evelyn-White, H.G. (trans.) (1914), Hesiod: Works and Days. Accessed online 12/04/19: http://www.sacred-texts.com/cla/hesiod/works.htm

Evelyn-White H.G. (2008), The Project Gutenberg EBook of Hesiod, The Homeric Hymns, and Homerica, by Homer and Hesiod. Accessed online 12/04/2019: https://www.gutenberg.org/files/348/348-h/348-h.htm

Fitton, J. (2002), Peoples of the Past: Minoans. London: The British Museum Press.

Fletcher, J. (2008), Cleopatra the Great. London: Hodder & Stoughton Ltd.

Freud, S. and Riviere, J. (1930), Civilization and its Discontents. London: Leonard & Virginia Woolf at the Hogarth Press, and the Institute of Psycho-analysis.

Gay, P. (1989), Freud: A Life for Our Time. London: Papermac/MacMillan Publishers Ltd.

Goddio, F. and Masson-Berghoff, A. (eds) (2016), Sunken Cities. London: Thames & Hudson Ltd, in collaboration with the British Museum.

Godwin, J. (2000), The Pagan Dream of the Renaissance. Grand Rapids, MI: Phanes Press, Inc.

Goodison, L. and Morris, C. (eds) (1998), Ancient Goddesses: The Myths and The Evidence. London: The British Museum Press.

Graziosi, B. (2013), The Gods of Olympus: A History. London: Profile Books.

Grigson, G. (1976), The Goddess of Love: The Birth, Triumph, Death and Return of Aphrodite. London: Constable & Co.

Hadjigavriel, L., Hatzaki, M. and Theodotou Anagnostopoulou, D. (eds) (2018), The Venus Paradox. Nicosia: A.G. Leventis Gallery.

Hall, E. and Wyles, R. (eds) (2008), New Directions in Ancient Pantomime. Oxford: Oxford University Press.

Hanson, J. A. (ed. and trans.) (1989), Apuleius: Metamorphoses. Cambridge, MA: Harvard University Press.

Henderson, J. (ed. and trans.) (2007), Aristophanes V: Fragments. Cambridge, MA: Harvard University Press.

Hunter, R. L. and Hunter, R. (2004) Plato's Symposium. Oxford: Oxford University Press.

Jacob, C. and De Polignac, F. (eds) (2000), Alexandria, Third Century BC: The Knowledge of the World in a Single City. Alexandria: Harpocrates Publishing.

Jenkins, I., with Farge, C. and Turner, V. (2015), Defining Beauty: The Body in Ancient Greek Art. London: The British Museum Press.

Jones, W.H.S. (trans.) (1918), Pausanias. Description of Greece, Volume I: Books 1–2 (Attica and Corinth). Loeb Classical Library 93. Cambridge, MA: Harvard University Press.

Karageorghis, J. (2005), Kypris: The Aphrodite of Cyprus: Ancient Sources and Archaelogical Evidence. Nicosia: A.G. Leventis Foundation.

Latham, R.E. (trans.) (1994), Lucretius: On the Nature of the Universe. London: Penguin Books.

Lloyd-Jones, H. (ed. and trans.) (2014), Sophocles: Fragments. Loeb Classical Library 483. Cambridge, MA: Harvard University Press.

Lombardo, S. (trans.) (2000), Homer: Odyssey. Indianapolis: Hackett Publishing Company.

— (2005), Aeneid: Virgil. Indianapolis: Hackett Publishing Company.

MacLeod, R. (ed.) (2001), The Library of Alexandria: Centre of Learning in the Ancient World. New York/London: I.B. Tauris & Co. Ltd.

Mair, A.W. (trans.) (1928), Oppian. Colluthus. Tryphiodorus. Loeb Classical Library 219. London: William Heinemann.

Mitchell Havelock, C. (2010), The Aphrodite of Knidos and Her Successors: A Historical Review of the Female Nude in Greek Art. Ann Arbor, MI: University of Michigan Press.

Nixey, C. (2017), The Darkening Age. London: Macmillan.

Paton. W.R. (trans.), Tueller, M.A (rev.) (2014), The Greek Anthology, Volume 1: Book 1: Christian Epigrams. Book 2: Christodorus of Thebes in Egypt. Book 3: The Cyzicene Epigrams. Book 4: The Proems of the Different Anthologies. Book 5: The Amatory Epigrams. Book 6: The Dedicatory Epigrams. Cambridge, MA: Harvard University Press.

Pekin A. K. and Kangal, S. (eds) (2007), Istanbul: 8000 Years Brought to Daylight: Marmaray, Metro, Sultanahmet Excavations. Istanbul: Vehbi Koç Foundation.

Rackham, H. (trans.) (1933), Cicero: De Natura Deorum. Loeb Classical Library. Cambridge, MA: Harvard University Press.

Rayor, D. (2016), 'Reimagining the Fragments of Sappho through Translation'. In Reimagining the Fragments of Sappho through Translation. Leiden, The Netherlands: Brill.

Roberts, P. (2013), Life and Death in Pompeii and Herculaneum. London: The British Museum Press.

Rowlandson, J. (ed.) (1998), Women and Society in Greek and Roman Egypt: A Sourcebook. Cambridge: Cambridge University Press.

Selover, S.L. (2015), 'Excavating War: The Archaeology of Conflict in Early Chalcolithic to Early Bronze III Central and South-eastern Anatolia'. PhD thesis, University of Chicago, Illinois.

Severis, D.C. (2001), Cypriot Art: From the Costakis and Leto Severis Collection. Cambridge: The Fitzwilliam Museum.

Shabti, A. (trans.) (1978), Ibykos' works in The Israel Museum Catalogue Aphrodite No. 184, Jerusalem: Central Press.

Shakespeare, W., ed. M. Hattaway (2009), As You Like It. The New Cambridge Shakespeare. Cambridge: Cambridge University Press.
— (1998) A Midsummer Night's Dream. New York: Signet Classic.
— Spencer, T.J.B. (ed.) (1967), Romeo and Juliet. The New Penguin Shakespeare. London: Penguin.

Showerman, G. (trans.) (1914), Ovid: Heroides. Amores. Revised by G. P. Goold. Loeb Classical Library. Cambridge, MA: Harvard University Press.

Skinner, M.B. (2005), Sexuality in Greek and Roman Culture. Malden, MA/London/Victoria: Blackwell Publishing Ltd.

Smith, A.C. and Pickup, S. (eds) (2010), Brill's Companion to Aphrodite. Leiden: Brill.

Stampolides, N.C. and Parlama, L. (eds) (2000), Athens: The City Beneath the City: Antiquities from the Metropolitan Railway Excavations. Athens: Kapon Editions, with the Greek Ministry of Culture, N.P. Goulandris Foundation and the Museum of Cycladic Art.

Sugimoto, D.T. (ed.) (2014), Transformation of a Goddess: Ishtar – Astarte – Aphrodite: (Orbis Biblicus Et Orientalis). Germany: Academic Press, Fribourg Vandenhoeck & Ruprecht, Göttingen.

Taylor, T. (1792), The Hymns of Orpheus. Accessed online 11/04/2019: https://www.sacred-texts.com/cla/hoo/index.htm

Thornton, B.S. (1997), Eros: The Myth of Ancient Greek Sexuality. Boulder, CO: Westview Press.

Usener, H. (1907), Der Heilige Tychon. Leipzig: Teubner.

Vellacott, P. (1953), Euripides: Alcestis and Other Plays. London: Penguin Group.

von Sacher-Masoch, L., trans. F. Savage (2018), Venus in Furs (illustrated). Clap Publishing.

Vout, C. (2018), Classical Art: A Life History from Antiquity to the Present. Princeton and Oxford: Princeton University Press.

Ward, J. and Frances Jones, E. (eds), trans E.G. Schreiber and T.E. Maresca (1977), The Commentary on the First Six Books of the Aeneid of Vergil Commonly Attributed to Bernardus Silvestris. Lincoln, NE: University of Nebraska Press.

West, M.L. (trans.) (1993), Greek Lyric Poetry. Oxford: Oxford University Press.

Wilkinson. P. (2017), Pompeii: An Archaeological Guide. New York/London: I.B. Tauris & Co. Ltd.

Wolkstein, D. and Kramer, S.N. (1983), Inanna, Queen of Heaven and Earth: Her Stories and Hymns from Sumer. New York: Harper & Row.

译名对照表

Adonis 阿多尼斯
Aeneas 埃涅阿斯
Alexandria 亚历山大里亚
Amarna Tablets 阿马尔那泥板
Amathus 阿马苏斯
Amenhotep III, pharaoh 阿蒙霍特普三世，法老
Anchises 安喀塞斯
Andress, Ursula 乌苏拉·安德丝
Aphrodisias 阿弗洛迪西亚
Aphrodite Pandemos 阿佛洛狄忒·潘德摩斯
Aphrodite principle 阿佛洛狄忒法则
Aphrodite–Venus 阿佛洛狄忒-维纳斯
Aphrodite's Rock 阿佛洛狄忒之石
Apuleius 阿普列尤斯
Ares–Mars 阿瑞斯-马尔斯
Aristophanes 阿里斯托芬
Arsinoe II, Ptolemaic queen 阿西诺伊二世，托勒密的王后
Ashteroth 阿施塔洛特
Astarte–Ishtar 阿施塔特-伊什塔尔
Athena 雅典娜
Athenaeus 阿忒纳乌斯
Athens 雅典
Atlantis 亚特兰蒂斯
Augustus, emperor 奥古斯都，皇帝

Baartman, Sara (Hottentot Venus) 萨拉·巴特曼（霍屯督维纳斯）
Babylon 巴比伦
Beyoncé 碧昂丝
'black Venuses' "黑维纳斯"
Blow, John 约翰·布洛
　Venus and Adonis《维纳斯与阿多尼斯》
Bosra 布斯拉
Botticelli, Sandro 桑德罗·波提切利
　The Birth of Venus《维纳斯的诞生》
　Venus and Mars《维纳斯与马

尔斯》
Boucher, François 弗朗索瓦·布歇
Bronze Age 青铜时代
bull-worship 公牛崇拜

Caesar, Julius 尤利乌斯·恺撒
Caligula 卡利古拉
Carthage 迦太基
Cassius Dio 卡西乌斯·迪奥
Chariton of Aphrodisias 阿弗洛迪西亚的查里顿
Christodoros of Egypt 埃及的克里斯托多罗斯
Cicero 西塞罗
Cleisthenes 克里斯提尼
Clement of Alexandria 亚历山大的克莱门特
Cleopatra VII 克利奥帕特拉七世
climate catastrophes 气候灾难
coinage 钱币
Colluthus 科鲁图斯
Constantine the Great 君士坦丁大帝
Constantinople 君士坦丁堡
copper 铜
Corinth 科林斯
Cupid 丘比特
Cyprus 塞浦路斯

Dalí, Salvador 萨尔瓦多·达利
　　Venus de Milo with Drawers《带抽屉的米洛的维纳斯》
Daphni 达夫尼
Dashwood, Sir Francis 弗朗西斯·达什伍德爵士
Debussy, Claude 克洛德·德彪西
Dido, queen of Carthage 狄多，迦太基女王
Dione 狄俄涅
Dionysos-Bacchus 狄俄尼索斯-巴克斯
Diotima 迪奥蒂玛
Dumuzi 杜穆兹
Duncan, Isadora 伊莎多拉·邓肯

Egypt 埃及
El Jem arena 埃尔杰姆竞技场
Enheduanna 恩赫杜安娜
Ennius 恩尼乌斯
Epic of Gilgamesh《吉尔伽美什史诗》
Eros 厄洛斯
Eryx 厄律克斯
Esarhaddon, king of Nineveh 埃萨尔哈顿，尼尼微国王
Euripides 欧里庇得斯
Eusebius of Caesarea 凯撒里亚的优西比乌

Ficino, Marsilio 马尔西利奥·费奇诺
Freud, Sigmund 西格蒙德·弗洛伊德

Gaia 盖亚
Golgoi 格尔基
Golgotha, Jerusalem 耶路撒冷的各各他
Graces 美惠三女神

维纳斯
与
阿佛洛狄忒

Guyon, Louis 路易·居永
Hadrian, emperor 哈德良，皇帝
Hala Sultan Tekke 哈拉苏丹清真寺
Helen of Troy 特洛伊的海伦
Hephaestus 赫菲斯托斯
Hermes 赫尔墨斯
Herodotus 希罗多德
Herostratos 赫洛斯特拉托斯
Hesiod 赫西俄德
Hestiaea of Alexandria 亚历山大的赫斯提亚
Homer 荷马
    Iliad《伊利亚特》
    The Odyssey《奥德赛》
    Homeric Hymns to Aphrodite《荷马致阿佛洛狄忒的颂诗》
Horai 荷莱

Idalion 伊达里昂
İkiztepe Anatolia 安纳托利亚的伊基兹特佩
Inanna 伊南娜
Iron Age 铁器时代
Ischia 伊斯基亚
Isidore of Seville 塞维利亚的圣依西多禄
Isis 伊西斯

Jerash 杰拉什
Jordan 约旦
Judgement of Paris 帕里斯的审判

Kinyras, king of Cyprus 喀倪剌斯，塞浦路斯国王
Knidian Aphrodite《尼多斯的阿佛洛狄忒》雕像
Kos 科斯
Kronos 克洛诺斯
    Kypria《库普里亚》
Kypris 库普里斯

Lady of Lemba 勒巴的女士
Lausos 劳索斯
Lebanon 黎巴嫩
Leda, Spartan queen 勒达，斯巴达王后
Lesbos 莱斯博斯
Libya 利比亚
life-cycle goddesses "生命周期"女神
Livy 李维
Lycopolis 利科波利斯

Macrobius 马克罗比乌斯
Mactar 马克塔尔
Madaba 马达巴
Madaba Map 马达巴地图
Marc Antony 马克·安东尼
Mark the Deacon 执事马克
Medici family 美第奇家族
Minogue, Kylie 凯莉·米洛
misogyny 厌女症
Mycenaean culture 迈锡尼文明
Mylitta 米莉塔
Myrrha 密耳拉
myrtle 香桃木

Nannia 南妮娅
Naukratis 瑙克拉提斯
Nemesis 涅墨西斯
Nestor 涅斯托尔

orichalcum 山铜
Ourania 乌拉尼亚
Ouranos 乌拉诺斯
Ovid 奥维德
    Metamorphoses《变形记》

Paeon of Amathus 阿马苏斯的皮昂
Panagia Trooditissa Monastery 潘纳吉亚·特罗迪提萨修道院
Paphos 帕福斯
Paris, prince of Troy 帕里斯，特洛伊王子
Pausanias 保萨尼亚斯
Peitho 佩托
Pesaro, Jacopo 雅各布·佩萨罗
Petra 佩特拉
Peutinger Map《佩廷格地图》
Pharsalus, Battle of 法萨卢斯战役
Phryne 芙里尼
Pictor, Georg 乔治·皮克托尔
Piraeus 比雷埃夫斯
Plato 柏拉图
Plotinus 普罗提诺
Poliziano 波利齐亚诺
Polyxena Sarcophagus 波吕克塞娜石棺
Pompeii 庞贝

Pompey 庞培
Porphyry, bishop of Gaza 波菲利，加沙主教
Praxiteles 普拉克西特利斯
Punic Wars 布匿战争
Pygmalion and Galatea 皮格马利翁和加拉提亚

Richardson, Mary 玛丽·理查德森
Romulus 罗慕路斯
Rubens, Peter Paul 彼得·保罗·鲁本斯
    The Judgement of Paris《帕里斯的审判》

Salamis, Battle of 萨拉米斯战役
Sappho 萨福
    'Ode to Aphrodite'《阿佛洛狄忒颂诗》
    'The Kypris Song'《库普里斯之歌》
Savonarola, Girolamo 吉罗拉莫·萨沃纳罗拉
scallop shells 扇贝壳
Shakespeare, William 威廉·莎士比亚
    A Midsummer Night's Dream《仲夏夜之梦》
    As You Like It《皆大欢喜》
    Much Ado About Nothing《无事生非》
    Romeo and Juliet《罗密欧与朱丽叶》

Venus and Adonis《维纳斯与阿多尼斯》
Socrates 苏格拉底
Solon 梭伦
Sophocles 索福克勒斯
Sostratos 索斯特拉托斯
Stasinus 斯塔西努斯
Sulla 苏拉
Syracuse 叙拉古
Syria 叙利亚

Tacitus 塔西佗
Taylor, Elizabeth 伊丽莎白·泰勒
Thebes 底比斯
Themistocles 地米斯托克利
Titian 提香
 Venus Anadyomene《维纳斯·阿纳迪欧墨尼》
 Venus of Urbino《乌尔比诺的维纳斯》
Trojan 特洛伊战争
Tunisia 突尼斯

Velázquez, Diego 迭戈·委拉斯开兹
 The Toilet of Venus《维纳斯的梳妆》
Veneralia 维纳斯节
Venice 威尼斯
Venus de Milo《米洛的维纳斯》
Venus Felix 维纳斯·菲利克斯
Venus Fiscia 维纳斯·菲西亚
Venus Genetrix 维纳斯母亲节
Venus Obsequens 维纳斯·奥布塞昆斯
Venus (planet) 金星
Venus Victrix 维纳斯·维克托里斯
Vinalia Urbana 葡萄酒节
Virgil 维吉尔
 The Aeneid《埃涅阿斯纪》

wanassa 瓦纳萨
Warhol, Andy 安迪·沃霍尔
William IX, duke of Aquitaine 威廉九世，阿基坦公爵

Yemen 也门

Zeus 宙斯

"方尖碑"书系

第三帝国的兴亡：纳粹德国史
　　〔美国〕威廉·夏伊勒

柏林日记：二战驻德记者见闻，1934—1941
　　〔美国〕威廉·夏伊勒

第三共和国的崩溃：一九四〇年法国沦陷之研究
　　〔美国〕威廉·夏伊勒

新月与蔷薇：波斯五千年
　　〔伊朗〕霍马·卡图赞

海德里希传：从音乐家之子到希特勒的刽子手
　　〔德国〕罗伯特·格瓦特

威尼斯史：向海而生的城市共和国
　　〔英国〕约翰·朱利叶斯·诺里奇

巴黎传：法兰西的缩影
　　〔英国〕科林·琼斯

末代沙皇：尼古拉二世的最后503天
　　〔英国〕罗伯特·瑟维斯

巴巴罗萨行动：1941，绝对战争
　　〔法国〕让·洛佩　〔格鲁吉亚〕拉沙·奥特赫梅祖里

帝国的铸就：1861—1871：改革三巨人与他们塑造的世界
　　〔美国〕迈克尔·贝兰

罗马：一座城市的兴衰史
　　〔英国〕克里斯托弗·希伯特

1914：世界终结之年
　　〔澳大利亚〕保罗·哈姆

刺杀斐迪南：1914年的萨拉热窝与一桩改变世界的罗曼史
〔美国〕格雷格·金 〔英国〕休·伍尔曼斯

极北之地：西伯利亚史诗
〔瑞士〕埃里克·厄斯利

空中花园：追踪一座扑朔迷离的世界奇迹
〔英国〕斯蒂芬妮·达利

俄罗斯帝国史：从留里克到尼古拉二世
〔法国〕米歇尔·埃莱尔

魏玛共和国的兴亡：1918—1933
〔德国〕汉斯·蒙森

独立战争与世界重启：一部新的十八世纪晚期全球史
〔美国〕马修·洛克伍德

港口城市与解锁世界：一部新的蒸汽时代全球史
〔英国〕约翰·达尔文

战败者：1917—1923年欧洲的革命与暴力
〔德国〕罗伯特·格瓦特

盎格鲁-撒克逊人：英格兰的形成，400—1066
〔英国〕马克·莫里斯

巴比伦城：神话与奇迹之地
〔英国〕斯蒂芬妮·达利

吴哥王朝兴亡史
〔日本〕石泽良昭

伟大民族：从路易十五到拿破仑的法国史
〔英国〕科林·琼斯

穿破黑暗：灯塔的故事
〔意大利〕维罗妮卡·德拉·多拉

苏美尔文明
　　拱玉书

维纳斯与阿佛洛狄忒：一个女神的历史
　　［英国］贝塔妮·休斯

大马士革：刀锋下的玫瑰
　　［澳大利亚］罗斯·伯恩斯

（更多资讯请关注新浪微博@译林方尖碑，
　微信公众号"方尖碑书系"）

方尖碑微博　　　方尖碑微信

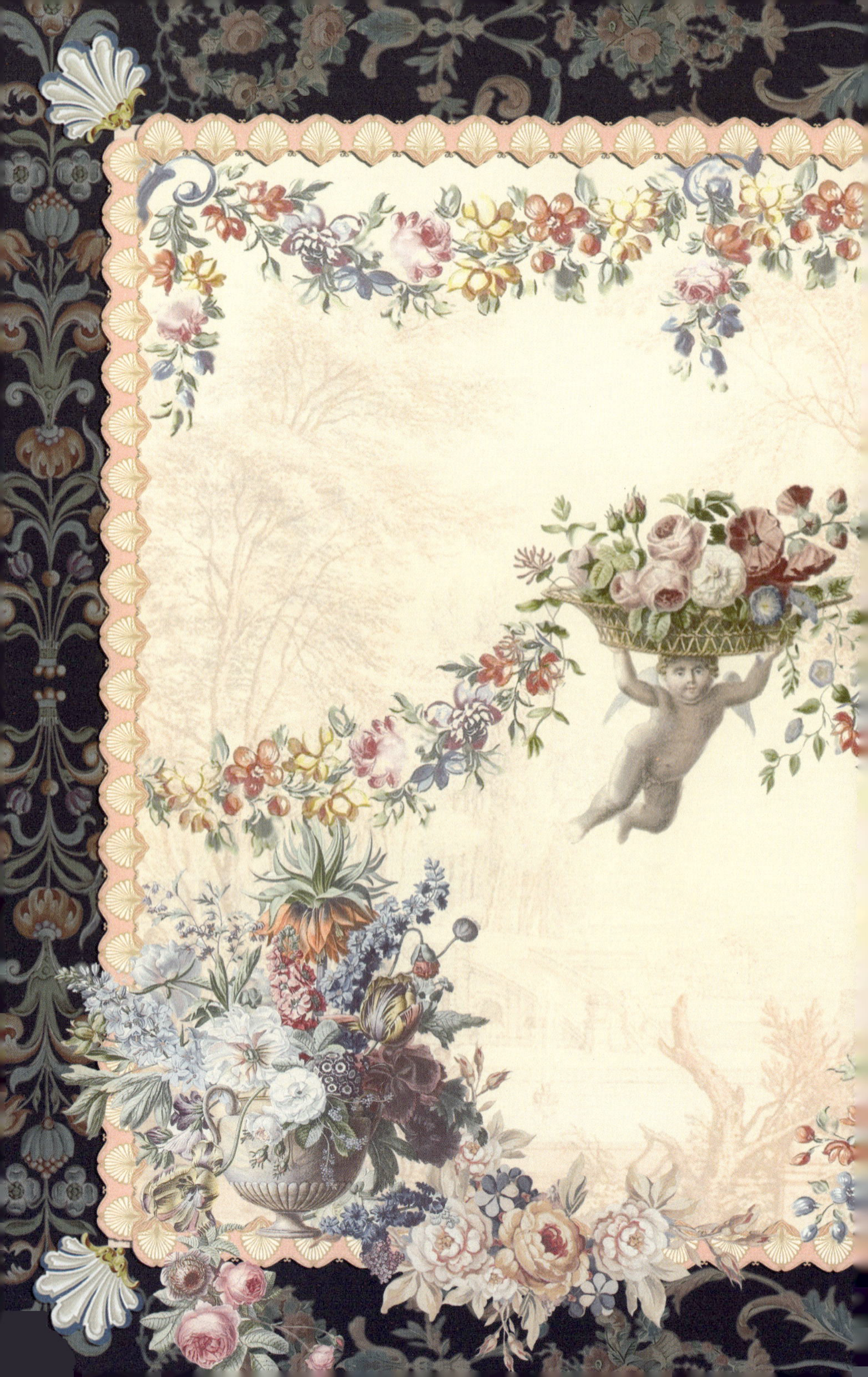